Lothar Groth

Die starken Männer

Eine Geschichte der Kraftakrobatik

Henschelverlag
Berlin 1987

ISBN 3-362-00223-4

© Henschelverlag Kunst und Gesellschaft
DDR - Berlin 1985

Inhalt

Vorbemerkung

Wann saßen Sie das letzte Mal im Zirkuszelt, ließen sich von der eigentümlichen, knisternden Atmosphäre gefangennehmen, bewunderten die Leistungen der Artisten und zeigten Ihre Anerkennung durch einen kräftigen Applaus? Und bei besonders kraftaufwendigen Darbietungen, beim Pyramidenbauen vielleicht oder beim Auftritt eines Kraftakrobaten erinnerten Sie sich an die schweren Kohleneimer oder an das strapaziöse Anschieben des Autos neulich, als es nicht anspringen wollte ...

Sicherlich tauchten dann beim Anblick der lächelnden, scheinbar mühelos arbeitenden Artisten auch bei Ihnen solche Fragen auf: »Wie machen die das nur? Ist da auch kein fauler Trick dabei?«

Dieses Buch will Ihnen einen kleinen Einblick in die Kraftakrobatik geben, eine Reihe von Artisten vorstellen, die mit ihren Tricks Geschichte gemacht haben. Natürlich kann und will kein Anspruch auf Vollständigkeit erhoben werden, dazu wäre die Zahl der Kraftakrobaten in aller Welt viel zu groß. Heute spielt dieses Genre der Artistik in den Zirkussen und Varietés nicht mehr eine solch große Rolle wie vor etwa hundert Jahren. Im Vergleich zur Vergangenheit hat die Körperkraft des Menschen heute an Bedeutung verloren, durch die Entwicklung der Technik ist sie nicht mehr so nötig wie in vergangenen Jahrhunderten. Trotzdem wird ein trainierter, kraftvoller Körper auch heute als wünschenswert betrachtet, und die Darbietungen der Kraftakrobaten finden ein interessiertes Publikum.

Oft war es nicht leicht, die Spuren der Kraftakrobaten zu verfolgen. Mein Dank für freundliche Unterstützung und Bereitstellung von Material gilt deshalb Herrn Markschieß van Trix, Berlin, für seine umfangreichen Materialien zu fast allen Epochen der Kraftakrobatik, den Herren Alexander Schnejer, Moskau, und Daniel

Tschechowskoi, Leningrad, für ihre Materialien über sowjetische Kraftakrobaten, Frau Trencsennyí-Waldapfel Imrené, Budapest, Frau Barbara Bufe, Leipzig, Herrn Roland Weise, Berlin, Herrn Curt Graesel (†), den Artisten Milo Barus (†) und Vilmos Milano, Dresden, sowie Tylla-Berry, Karl-Marx-Stadt, Frau Ingrid Lotz und Herrn Dr. Lück von der DHFK Leipzig und Herrn David Chapman, Los Angeles. Meinen besonderen Dank möchte ich Herrn Ernst Günther, Dresden, für sein Material und die Zuarbeiten über Redam, Guss und die Menorkas und Herrn Dietmar Winkler, Berlin, für seine Zuarbeit über die Zeit nach 1945 bis zur Gegenwart und seine zahlreichen Hinweise und Materialien aussprechen.

Allen Nichtgenannten, die mich bei meinem Vorhaben durch Hinweise, Übersetzungen oder Dokumente unterstützt haben, sei hiermit ebenfalls herzlich gedankt.

Dresden, Januar 1987   Lothar Groth

Was heißt Kraftakrobatik?

Die Kraftakrobatik ist ein spezielles Genre der Artistik, das in den wichtigsten Teilen der Darbietungen außergewöhnliche Körperkraft und Muskelbeherrschung verlangt. Momente anderer Genres fließen oft in die Kraftakrobatik ein, wie auch kraftakrobatische Details in den verschiedensten anderen artistischen Genres enthalten sind. Enge Verbindungen bestehen zum Sport, insbesondere zur Schwerathletik. Die Mehrzahl der Kraftakrobaten ist – hauptsächlich in früherer Zeit – aus ehemaligen Schwerathleten hervorgegangen. Die Athleten und Kraftakrobaten nutzen auch gleichartige Trainingsmethoden.

Doch während die Kraftakrobatik die physischen Kräfte des Menschen in einer künstlerischen Form demonstriert, hat die sportliche Athletik, die sich in die Leichtathletik (Laufen, Gehen, Werfen, Springen u. a.) und die Schwerathletik (Ringen, Gewichtheben, Boxen, Judo u. a.) unterteilt, stets einen Wettkampfcharakter.

Im antiken Griechenland (griech. athletes = Kämpfer) nahmen auch Amateure an den Wettkämpfen teil, dagegen wurden die Kämpfe im Römischen Reich fast ausschließlich von Berufsathleten und Gladiatoren ausgetragen. Im Mittelalter traten Athleten an Königshöfen, auf Jahrmärkten und in Schaubuden auf. Die Ringer und Gewichtheber der Turnerbewegungen des 19. Jahrhunderts einerseits und die Entwicklung des Zirkus und später des Varietés andererseits waren die Basis dafür, daß sich die Kraftakrobatik ab 1880 etwa zu einem speziellen artistischen Genre herausbilden konnte.

Der Begriff Kraftakrobat wurde zur Benennung eines artistisch arbeitenden Athleten eingeführt, um ihn von dem Sportathleten zu unterscheiden. Doch auch heute werden die Kraftakrobaten oft »Athleten«, »Kraftathleten« oder »Starke Männer« genannt.

Bei der Wahl des Künstlernamens erinnerten sich die Kraftakrobaten und ihre Manager gern an die Legenden der Antike. Bevorzugt wurden die Beinamen »Herkules« und »Simson«. Aber auch Bezeichnungen wie »Stärkster Mann der Welt«, »Stärkste Frau der Welt«, »Eisenzahn«, »Eisenkönig« und »Heros« waren nicht selten. Es gibt zahlreiche Beziehungen zwischen der Kraftakrobatik und dem Kraftsport, der sich in den letzten Jahrzehnten stärker entwickelte und seinen Ursprung vor allem in den zu Beginn des 20. Jahrhunderts weitverbreiteten Kraftsport- und Athleten-Vereinen zu suchen hat. Kraftsportliche Übungen sind eine Trainingsmethode sowohl für den Sportler als auch den Kraftakrobaten.

Der Kraftakrobat Eugen Sandow hat um 1900 mit seinen »Schulen für Körperkultur« und dem von ihm entwickelten »Kraftsport-Trainingssystem« grundlegende, noch heute gültige Normen geschaffen. Der Kraftsport ermöglicht eine vielseitige Entwicklung der physischen Potenzen von Menschen aller Altersstufen und mit unterschiedlichen körperlichen Voraussetzungen.

Durch die fortschreitende Mechanisierung und Automatisierung verstärkt sich die Bewegungsarmut und die einseitige Belastung der Menschen. Den Ausgleich suchen viele in sportlicher Betätigung, um ihren Körper in Kraft, Ausdauer und Spannkraft zu trainieren. Mit Hilfe des Kraftsports läßt sich dieses Bestreben in sinnvolle Bahnen lenken.

Wie unterscheidet sich nun die Athletik vom Bodybuilding? Der Bodybuilding-Mann repräsentierte in der Nachkriegszeit ein Idol. Das Bodybuilding hat seine eigene Geschichte, die ebenfalls bis in die Antike zurückgeht. Jene fast ausschließlich in westlichen Ländern zu findenden Männer mit ihren teilweise unästhetisch wirkenden Muskelpaketen besaßen für manche einen Reiz, sicher auch in erotischer Beziehung. Heute sind die Konkurrenzen um den »schönsten Mann« oder den »Mister Universum« bis auf vereinzelte Ausnahmen vergessen.

Während das Prinzip des Bodybuilding auf die äußerliche Ausformung von Muskelpaketen zielt, orientieren die Kulturistik und der Kraftsport auf die Ausbildung der Kraft, auf das körperliche Allgemeinbefinden, auf kraftsportliche Leistungen. Sie haben ihren festen Platz in der Sportbewegung und finden immer neue Anhänger.

Im Gegensatz zum Kraftsportler muß der Kraftakrobat eine in sich geschlossene, künstlerisch wirksame Darbietung erarbeiten, also die Tricks dramaturgisch so aufbauen, daß eine artistische Nummer entsteht, die ihre Wirkung auch aus solchen Komponenten wie Kostüm und Requisit, Musik und Beleuchtung bezieht. Manchmal werden sogar Tiere, beispielsweise Pferde oder Elefanten, als »lebendes Requisit« einbezogen.

Die Kraftakrobatik ist ein wichtiger Bestandteil der Artistik, auch wenn sie in den Manegen und auf den Varietébühnen nicht so häufig vertreten ist wie einige andere Genres. Kraftakrobatische Elemente sind aber auch in solchen artistischen Darbietungen wie Pyramidenbauen, Perchenummern, Antipoden- und Ikarierdarbietungen, der Hand- und Kopfäquilibristik zu finden.

Athleten von der Antike bis zur Geburt des Zirkus

In den ältesten Zeiten der menschlichen Gesellschaft genoß die körperliche Kraft eine weitaus höhere Wertschätzung als heute, weil sie notwendiger, ja oft lebensnotwendig war.

Die vielen Formen und Grundtricks der Athletik und der Kraftakrobatik haben eine jahrtausendealte Geschichte. Die am weitesten zurückreichenden Nachrichten stammen aus Grabstätten und Bildwerken der alten Ägypter von etwa 4600 v. u. Z. Auf altägyptischen Darstellungen kann man Athleten, Ringkämpfer und Äquilibristen erkennen.

Die Mythen der Völker enthalten viele Heldensagen, in denen die übernatürliche Kraft der Götter und Helden eine bedeutende Rolle spielt. Insbesondere die griechische Mythologie bietet dafür zahlreiche Beispiele.

Karl Marx bezeichnete die Welt der griechischen Mythologie als die am schönsten entfaltete Form der »geschichtlichen Kindheit der Menschen«. Das antike Griechenland wurde zu einem wichtigen Ausgangspunkt für die spätere Literatur, die Kunst und den Sport.

Eine der bekanntesten Sagengestalten ist der Held Herkules, Sohn des höchsten Gottes Zeus und der Sterblichen Alkmene. Der Göttervater verlieh Herkules so übermenschliche Kräfte, daß der griechische Sagenheld noch heute als Sinnbild der Stärke gilt. Der humanistischen Grundhaltung des antiken Griechenland entsprach auch die »Moral« des Herkulesmythos: Weil er seine Kräfte im Zorn mißbrauchte, wurde er unter anderem damit bestraft, daß er im Dienst eines schwächlichen, habsüchtigen Königs gefährliche und zum Teil widerwärtige Aufgaben zu lösen hatte: Er tötete Ungeheuer wie den Nemeischen Löwen, die Lernäische Hydra und die Stymphaliden, fing den Erymanthischen Eber und die Hirschkuh von Keryneia,

Der Herakles Farnese im Nationalmuseum Neapel

bändigte den feuerschnaubenden Stier von Kreta und die menschen-
fressenden Rosse des Thrakerkönigs Diomedes, er reinigte die Ställe
des Augias, raubte den Gürtel der Amazonenkönigin Hippolyte, die
Rinder des Geryoneus und die Äpfel der Hesperiden und holte

schließlich sogar den Höllenhund Zerberus aus der Unterwelt. Durch seine Heldentaten, mit denen er den Menschen half und sie von Ungeheuern befreite, reinigte er sich wiederholt von der Blutschuld, die er in Wahnsinnsanfällen auf sich lud. So wurde er schließlich nach seinem Tode in den Kreis der Götter aufgenommen und galt als Schutzgott des Erfolgs, insbesondere aber als Schirmherr der Ringerschulen. Die Philosophen stellten Herkules als Vorbild dar, das sich seine Unsterblichkeit durch die Entscheidung für ein Leben voll Mühsal und außerordentlicher Taten errungen hat.

Eine gewisse Entsprechung zum klassischen Herkulesmythos bildet die germanische Siegfriedsage. Der ungeheuer starke Königssohn erschlug den Lindwurm, einen Drachen, der den Nibelungenschatz bewachte, war siegreich in vielen Schlachten und Wettkämpfen, bis er der List Hagens erlag.

Auch der jüdische Heros Simson (oder Samson) wurde nur durch List überwältigt. Er besiegte allein tausend der Philister, die zu jener Zeit über Israel herrschten, aber er verriet seiner Geliebten Dalila das Geheimnis seiner Kraft, das in seinem Haupthaar lag. Während er schlief, schnitt man ihm das Haar ab, nahm ihn gefangen und blendete ihn. Doch noch einmal erlangte er seine Kraft wieder und brachte das Haus über sich und den Philistern zum Einsturz. Seine übermenschliche Kraft und seine Siege über die Unterdrücker seines Volkes ließen ihn zum jüdischen Nationalhelden werden.

Eine weitere griechische Sagengestalt war Theseus, der wie Herkules viele Ungeheuer besiegte, so den Räuber Prokrustes, den marathonischen Stier und den kretischen Minotaurus, wobei ihm die Königstochter Ariadne mit einem Garnknäuel half, aus dem Labyrinth herauszufinden. Als König von Athen war Theseus in vielen Schlachten siegreich, ihm wurde später die Vereinigung Attikas unter der Vorherrschaft Athens zugeschrieben, und er wurde als Gründer der attischen Demokratie verehrt.

Aus dem antiken Griechenland stammt auch die Tradition der Olympischen Spiele. Im heiligen Bezirk Olympia wurden seit 776 v. u. Z. alle vier Jahre zu Ehren des Zeus sportliche Wettkämpfe ausgetragen, an denen sich auch andere griechische Staaten beteiligten. Zu den Wettkampfdisziplinen gehörten Laufen, Fünfkampf, Ringkampf,

Faustkampf, Pankration (eine Kombination von Faust- und Ringkampf), Pferderennen und Wagenrennen, ferner Wettbewerbe der Herolde und Trompeter. Die Sieger der Wettkämpfe wurden mit Ehren geradezu überhäuft.

Milon von Croton, dessen Standbild das Museum in Olympia schmückte, war einer der berühmtesten Ringer des Altertums. Er lebte im 5. Jahrhundert v. u. Z. und errang sechsmal den Kranz des olympischen Ölbaumes, sechsmal schmückte ihn der Lorbeer von Delphi, neunmal erhielt er den nomaischen Eppichkranz, und zehnmal war er Sieger der isthmischen Spiele. Seine Stärke war in ganz Griechenland bekannt. Er soll einen vierjährigen Stier im Lauf auf seinen Schultern durch die Rennbahn getragen und dann durch einen Faustschlag getötet haben. Zuweilen legte sich Milon von Croton auch Schnuren um die Stirn, hielt den Atem an und zersprengte die Bänder mittels einer geschwollenen Kopfader. Über sein Ende wird gesagt, daß, als er einen Baumstamm, in den Keile getrieben waren, auseinanderreißen wollte und die Keile schon herausgefallen waren, die zwei Stammhälften zurückschnellten, er eingeklemmt und von wilden Tieren zerrissen wurde.

Der Athlet Polydamos aus Thessalien soll einen Wagen von hinten mit nur einer Hand so festgehalten haben, daß die kräftigsten Pferde ihn nicht von der Stelle brachten.

Während die griechischen Olympischen Spiele als edle Nationalspiele galten, friedlich und ohne Blutvergießen verliefen, standen die römischen Spiele unter einem völlig anderen Zeichen. Mögen sie auch anfangs noch den Charakter von nationalen Festspielen gehabt haben, so glitten sie im Laufe der Zeit zu Tierhetzen und bis zu den blutigen Gladiatorenkämpfen herab. Die Befriedigung der entarteten Schaulust des Publikums wurde in riesengroßen antiken Zirkusbauten mit einer gleichermaßen bewundernswerten wie – in diesem Falle – verabscheuungswürdigen römischen Großartigkeit stets garantiert. Tierhetzen, Kämpfe mit wilden Bestien oder Kämpfe der Gladiatoren untereinander wurden zum Teil mehrmals täglich gezeigt. Es konnten nur die stärksten und geschicktesten Gladiatoren bestehen. Die Sieger wurden ebenso stürmisch gefeiert wie die heutigen Stierkampfmatadore Spaniens. Die ersten Löwenjagden im römischen Circus Maximus, der als ältester und größter Zirkus Roms mit einer Gesamtlänge von 600 m und einer Breite von 150 m in augusteischer Zeit etwa 60000 Zuschauer und später, nach einem Umbau, 185000 Zuschauer faßte, wurden ungefähr 200 v. u. Z. von Quintus eingeführt. Unter vielen Kaisern gehörten Gladiatorenkämpfe und Tierhetzen zur Tagesordnung.

Während die griechischen Wettkämpfer ihre Körper trainierten, um im olympischen Wettstreit beziehungsweise bei anderen sportlichen Wettbewerben den Siegeslorbeer und damit Ruhm und Anerkennung zu erringen, wurden im Römischen Reich die Wettkämpfe vorwiegend von Berufsathleten bestritten, so daß sie immer mehr den sportlichen Charakter verloren und statt dessen der Showaspekt der Vorführungen in den Vordergrund trat. Besonders deutlich wurde das bei den Gladiatorenkämpfen, einer unvergleichlich grausamen und blutigen Schaustellung. Ihren Ursprung hatten die Gladiatorenkämpfe in kultischen Menschenopfern bei Totenfeiern. Dieser religiöse Hintergrund blieb noch eine Zeitlang erhalten, wich dann aber der reinen Schaustellung, der »circenses«. Zu den Opfern dieser römischen Zirkusspiele gehörten Kriegsgefangene, Sklaven, verurteilte Verbrecher und verfolgte Christen, sie wurden von wilden Tieren zerrissen oder von ausgebildeten Gladiatoren getötet. In kasernenartigen Gladiatorenschulen erhielten diese Kämpfer eine Ausbildung in speziellen Kampfarten und mit Waffen wie dem Dreizack, Fangnetz, Dolch, kurzen Schwert. In den Kämpfen, die bei jeder Gelegenheit und Festlichkeit stattfanden, konnten nur die Geschicktesten und Stärksten bestehen, sie fanden allgemeine Anerkennung. So wird der Gladiator Ostorius in Pompeji gerühmt, der aus 51 Kämpfen siegreich hervorging. Nach dem Dakerkrieg ließ Kaiser Trajan im Jahre 107 in einer viermonatigen Siegesfeier 10000 Gladiatoren zum Kampf antreten und 11000 Tiere zu Tode hetzen. Immer wieder brachen Aufstände der Gladiatoren aus, die jedoch stets blutig niedergeschlagen wurden. In der Gladiatorenschule von Capua nahm im Jahre 73 der Aufstand des Spartacus seinen Anfang, dem sich 60000 Sklaven und arme Freie anschlossen. Nach anfänglichen Siegen unterlagen die Aufständischen als Folge ihrer Uneinigkeit und mangelhaften Bewaffnung, die Überlebenden wurden grausam hingerichtet.

Besonders unrühmlich wurde Kaiser Nero bekannt, dessen Schrek-

Gladiatorenkampf auf einem römischen Fußbodenmosaik, 3. Jh.

kensherrschaft von 54 bis 68 dauerte. Er produzierte sich selbst gern als Künstler und auch als Athlet. So trat er zum Kampf gegen den als unbesiegbar geltenden Gladiatoren Barnabas an. Dieser wußte, daß ihn auch ein Sieg über den Kaiser das Leben kosten würde, so versuchte er, den Kampf, ein Wagenrennen, unentschieden enden zu lassen. Aber Nero hatte bereits vorgesorgt, daß er als Sieger aus dem Wettkampf hervorgehen würde, indem er dem Gladiator einen minderwertigen Kampfwagen und untaugliche Pferde zuteilte, sein Wagen dagegen besonders stabil war und von ausgesucht kräftigen Pferden gezogen wurde. Zum Überfluß wurde Barnabas gezwungen, sich tagelang vorher mit den Freunden des Kaisers zu betrinken. Und so konnte Nero, während das Blut des Barnabas den Sand der Arena rötete, sich als »größten Gladiator aller Zeiten« feiern lassen.

Diese grausamen Zirkusspiele des Römischen Kaiserreichs hatten vor allem die Funktion, die armen Plebejer von ihrer zunehmenden Verelendung abzulenken und Unruhen vorzubeugen. Die athletischen Künste der Gladiatoren, die durch die harte Ausbildung in vielen Fällen eine große Kraft und Gewandtheit erreichten, wurden zur Manipulation der Volksmassen mißbraucht. Erst um 400 wurde das Gladiatorenunwesen endgültig abgeschafft, nachdem das Christentum zur Staatsreligion des Römischen Imperiums erhoben worden war. Ein besonders grausames, blutiges Kapitel in der Geschichte der Schaustellungen ging damit zu Ende.

Nach dem Zusammenbruch des weströmischen Reiches um 476 zogen die Gauklertruppen, Ringer, Akrobaten, Schwertkämpfer, Fechter, Zauberkünstler, Seiltänzer, Jongleure, Athleten und Männer mit abgerichteten Tieren, nach dem Norden. Dieses »Fahrende Volk« war auf der Landstraße zu Hause, höfische Feste, Jahrmärkte, Messen und Kirchenfeste waren seine Ziele. Dort konnten die Gaukler ihre Künste gegen Entgelt vorführen.

Doch trotz ihrer Beliebtheit bei allen Festen waren sie zahlreichen Verfolgungen ausgesetzt. Insbesondere die Kirche verdammte sie als recht- und ehrlos. So kommt es, daß nur wenige Namen und Leistungen der Artisten aus jener Zeit bekannt sind, nur selten fand ein Chronist den Auftritt eines solchen Fahrenden so bemerkenswert, daß er ihn der Nachwelt überlieferte.

In den Dichtungen des Mittelalters findet man ab und zu Hinweise, die auf den Auftritt von Akrobaten und auf sportliche Wettkämpfe deuten. Während der Hochzeit Roberts, des Bruders des französischen Königs Ludwig IX., mit Mathilde von Brabant um 1237 sollen zahlreiche Artisten ihre Darbietungen gezeigt haben.

Die Entlohnung der Gaukler war sehr unterschiedlich und von der Großzügigkeit der jeweiligen Fürsten abhängig. Und so wurde von den Fahrenden manchmal das Glück auch auf verbotene Weise »korrigiert«.

Im 16. Jahrhundert, als sich die Jahrmärkte in Europa zu Mittelpunkten des Handels und der Belustigung entwickelten, bot sich für die Fahrenden wieder ein reicheres Betätigungsfeld. Diese Märkte zogen stets einen großen Schwarm von Gauklern, unter ihnen auch Kraftakrobaten, an.

Mit dem Aufblühen der Städte und des Handels gewannen die Märkte ständig an Bedeutung, sie wurden zu gesellschaftlichen und ökonomischen Zentren der frühbürgerlichen Entwicklung. Als urkundlich nachweisbarer ältester deutscher Jahrmarkt gilt der Markt von Würzburg, der im August 1031 stattfand. Die Märkte waren bald fester Bestandteil des städtischen Lebens und – neben kirchlichen und bürgerlichen Festen wie dem Vogelschießen – kulturelle Höhepunkte. Die Pariser Vorstadtmärkte St-Germain und St-Laurent galten im 17. Jahrhundert, wie der Historiker Maurice Albert schrieb, als eine Art »Weltausstellung der Jahrmarktbelustigungen der Epoche«. In Bretterbuden oder auch auf offener Bühne produzierten sich Akrobaten aller Art, Seiltänzer, Dresseure, Komödianten, Puppenspieler, Abnormitäten und natürlich auch Kraftakrobaten. Das Auftreten so vieler Artisten führte zu scharfer Konkurrenz, und die Künstler mußten durch besondere Leistungen und originelle Tricks dafür sorgen, daß die Zuschauer in ihre Buden strömten. Leider sind nur wenige Namen und Angaben zu den Artisten jener Zeit überliefert, am häufigsten werden noch die Produktionen der Seiltänzer erwähnt.

Herausragend unter den Kraftakrobaten jener Zeit war Johann Carl von Eckenberg, der sich neben seinen akrobatischen Künsten auch als Schauspieler hervortat. Er baute in Berlin 1731 das erste Theater, das auch zum Vorläufer der Varietés wurde. Im folgenden Kapitel soll eingehender über diesen berühmten Kraftmenschen berichtet werden.

Als vielseitiger Kraftakrobat des 18. Jahrhunderts kann noch Theodor Defet genannt werden. Defet hob unter anderem von einem eigens dafür errichteten Gestell mit einer Hand ein Pferd aus, auf dem zwei Männer saßen, mit der anderen Hand hielt er ein mit Wein gefülltes Glas.

Ein Kraftakrobat aus adligen Kreisen, der seine Künste natürlich nicht auf den Jahrmärkten, sondern nur zur Unterhaltung seiner fürstlichen Freunde vorführte, war Dinnies von Kleist. Er lebte am Herzoglich Pommerschen Hofe und soll durch seine große Gestalt, sein langes, offen getragenes schwarzes Haar an den biblischen Simson erinnert haben.

Während eines Landtages 1569 in Wollin schloß Dinnies mit dem Herzog Johann Friedrich, der, wie so oft, viel gegessen und getrunken hatte, eine Wette ab. Danach wollte Dinnies mit seinem kleinen Finger den Gürtel des Herzogs fassen und ihn so fest halten, daß er nicht von der Stelle weichen könnte. Als sich der Herzog wirklich nicht fortbewegen konnte, wurde noch ein Geselle aufgerufen, der die Hand des Herzogs ergriff und vergeblich daran zog. Schließlich wurden ein zweiter, dritter bis zehnter dazu gerufen. Sie bildeten Hand in Hand eine Kette durch den Saal und mühten sich so sehr ab, daß ein Teil fast auf dem Boden lag. Aber auch sie sollen nichts ausgerichtet haben. Dinnies beeindruckte damit sehr, ebenso damit, silberne und goldene Münzen wie Oblaten zu verbiegen und mit einer Hand den norwegischen Radibor-Pokal wie weiches Brot zu zerdrücken.

Eines Tages wurden zum Braten eingesülzte Kirschen serviert. Man machte sich den Spaß und sammelte alle Kirschkerne auf einem Teller. Dinnies nahm sich eine Handvoll nach der anderen und drückte sie so zusammen, daß selten ein Kern ganz blieb. Dinnies von Kleist hatte die einträgliche Gewohnheit, zahlreiche Wetten einzugehen, so auch mit dem Kurfürsten von Sachsen und Brandenburg, dem Herzog von Mecklenburg und anderen. Durch diese Wetten gewann er viel Geld.

Er soll noch eine Anzahl weiterer Athletenstücke vollbracht haben. Im Winter um 1600 brach der Amateurakrobat Dinnies von Kleist bei Wolgast durch das Eis und ertrank.

Berühmter als jener Dinnies von Kleist wurde ein Jahrhundert später ein königlicher »Kraftmensch«, Friedrich August II., Kurfürst von Sachsen und König von Polen, genannt »August der Starke«. Die Geschichten von den mit der Hand verbogenen und zerbrochenen Hufeisen, von den mit den Fingern zerknickten Talern und den zusammengedrückten Bechern werden heute noch erzählt. Er konnte auch silberne Teller wie Papier zusammenrollen. Vom Wiener Stephansdom hielt er mit einem ausgestreckten Arm einen Trompeter über eine Fensterbrüstung. Der arme Trompeter mußte in seiner Todesangst auch noch ein Liedchen blasen.

August war fest davon überzeugt, daß er durch seine Stärke dem Volk imponierte. Er ließ keine Möglichkeit aus, sich mittels seiner Kraftkunststücke beliebt zu machen, machte dabei allerdings oft auch andere zum Spielball seiner Launen.

Eines Tages ritt August durch Dresdens Neustadt und traf auf eine Gruppe Knaben. Er war gut aufgelegt, nahm die Zügel in den Mund und warf nach beiden Seiten Geld aus den Taschen. Begeistert umringten die Jungen den freigebigen Reiter. Da packte August der Starke mit jeder Hand einen Jungen am Kragen und sprengte mit ausgestreckten Armen, die Zügel im Mund – man stelle sich vor, ein König! –, im Galopp über die Elbbrücke bis in den Schloßhof. Dort

König August der Starke

entließ er die angstvoll schreienden Kinder, nachdem er sie reichlich beschenkt hatte.

Bei der Krönungsfeier Kaiser Josefs I. 1705 errang August der Starke in Augsburg im Wettstreit höchste Preise. Im Pfeilwerfen und Pistolenschießen vom galoppierenden Pferd aus soll er hervorragend gewesen sein.

Im Alleinkampf mit einem ausgewachsenen Bären gelang es ihm, dem Bären mit zwei Schwerthieben den Kopf abzuschlagen. Er büßte einen Finger ein, als er einem anderen Bären im Ringkampf die Zunge aus dem Rachen reißen wollte. Wer kann es dem Bären verdenken?

August der Starke hatte Diabetes mellitus, die Zuckerkrankheit, die zu seiner Lebzeit noch nicht erkannt war und von den Ärzten auch nicht behandelt werden konnte. Heute verordnet der Arzt einem Zuckerkranken vor allem strenge Diät. Selbst wenn die Ärzte

August damals einen solchen Rat gegeben hätten, würde er ihn in den Wind geschlagen haben, denn er liebte reich gedeckte Tafeln und süße, schwere Getränke.

Ob die von der Markgräfin von Bayreuth mit 365 angegebene Anzahl seiner Kinder stimmt, dürfte sich schwer nachprüfen lassen, wahrscheinlich ist, daß dieser »Kraftbeweis« als Legende in Umlauf gesetzt wurde.

Geblieben sind neben den Anekdoten von der Kraft des »Starken August« die herrlichen Barockbauten der Residenzstadt Dresden, die unter seiner Regierung entstanden.

Doch zurück zu den Kraftakrobaten, die auf Märkten, in Schaubuden und bei Festlichkeiten an Fürstenhöfen auftraten. So zeigten anläßlich eines Festes zu Ehren des Sohnes des Sultans Murad im Jahre 1582 zahlreiche Gaukler ihre Künste im alten Hippodrom zu Konstantinopel. Unter ihnen war ein Kraftmensch, der sich auf seinen entblößten Bauch einen zentnerschweren Steinblock legen ließ, auf den sechs Männer mit großen Hämmern gewaltig losschlugen. Ein anderer schlug sich selbst Steine mit großer Kraft auf den Kopf. Der Sultan war mit den Vorführungen sehr zufrieden und verteilte reichlich Geschenke.

Die Zahl der Athleten, die Kraftkunststücke vielfältiger Art vorführten und damit den Beifall und den Lohn der Zuschauer errangen, nahm in diesen Jahrhunderten wesentlich zu.

Als herausragende Figur in dieser Zeit vor der Entstehung des Zirkus, der die weitere Entwicklung aller artistischen Genres nachhaltig beeinflußte, ist der Kraftakrobat Eckenberg zu sehen.

Herkules Eckenberg

Der am 6. April 1684 in Harzgerode geborene Johann Carl von Ekkenberg (lt. Kirchenbuch Johann Karl Eckenberger) ist als erster großer professioneller Kraftakrobat, der namentlich bekannt wurde, und gleichzeitig als einer der Begründer sowohl des Theaters als auch des Varietés in Berlin anzusehen.

Als Sohn eines Sattlers erlernte er das Gewerbe seines Vaters, heiratete später eine englische Seiltänzerin, wurde selbst Seiltänzer und Kraftmensch, schloß sich einer wandernden Gauklertruppe an und soll angeblich in Dänemark geadelt worden sein.

In alten Schriften wird von einem stattlichen Recken und berühmten Kraftakrobaten berichtet, der sich auf Anschlagzetteln »Herkules-Harzmann« nannte. Eckenberg, der unter diesem Namen oder als »Simson« auftrat, verfügte über eine große Anzahl phänomenaler Krafttricks. Er konnte Ankerketten wie Zwirnsfäden zerreißen; Eisenbolzen und starke Schiffsnägel zwischen den Fingern zu Korkenziehern drehen. Er vermochte auch, ein 1000 kg (nach anderen Angaben 1300 kg) schweres Kanonenrohr umherzutragen.

Seine Zähne müssen einem stählernen Schraubstock geglichen haben, denn er konnte einen Eichenholzstock so zwischen den Zähnen halten, daß ein daran gebundenes kräftiges Pferd trotz Antreibens weder imstande war, ihm den Stock aus dem Mund zu reißen, noch den Athleten von der Stelle zu bewegen.

Unglaublich erscheint ein weiterer Krafttrick, bei dem er eine 5 m lange Holzbank an einem Ende mit den Zähnen getragen haben soll, auf deren anderem Ende ein Trompeter saß und ein Lied blies.

Er legte sich mit dem Kopf auf einen Stuhl, mit den Füßen auf einen anderen, dann ließ er sechs Männer auf seinen Leib treten und hielt diese Last mit gestrecktem Körper.

Seine Arme müssen ebenso extrem kräftig gewesen sein. Der Herkules stellte sich beispielsweise auf ein Podest, breitete die Arme aus, hatte um jedes Armgelenk einen festen Strick gewunden, an dem je drei Männer aus dem Publikum nach Leibeskräften zerrten und rissen. Dazu trug er noch in jeder Hand einen bis zum Rand gefüllten Weinhumpen. Die sechs Männer versuchten mit größten Anstrengungen, den Herkules am Trinken zu hindern, doch dieser führte die Becher ruhig zum Mund und trank den Wein aus, ohne einen Tropfen zu verschütten.

Die folgende Kraftleistung sparte er für gewöhnlich bis zum Schluß der jeweiligen Vorstellung auf:

Von einem Balkengerüst aus hielt er mit der einen Hand Eisenketten, an denen eine aus dicken Planken hergestellte Waagschale hing. In der riesigen Waagschale saß ein Trompeter auf einem Pferd. Der Herkules hielt die schwere Plattform mit dem Pferd und dem Trompeter so lange mit einer Hand, bis der Musiker seine Fanfare geschmettert hatte und es ihm selbst gelungen war, mit der anderen Hand ein Weinglas zum Munde zu führen und zu leeren. Dazwischen sprach der Kraftakrobat außerdem noch ein Hoch auf die Bürger der jeweiligen Stadt oder auf den Magistrat und anwesende Persönlichkeiten aus.

Johann Carl von Eckenberg kam 1717 zum ersten Mal als Kraftakrobat »Simson« nach Leipzig. Während seines Aufenthaltes machte er die Bekanntschaft eines Leutnants Johannes Heinrich Beyer, der ihm einen berühmt gewordenen bösen Streich spielte und damit klarmachte, daß Kraft allein nicht genüge.

Als beide beim Wein saßen, schlossen sie einen Pferdehandel ab. Eckenberg sollte ein Pferd zu den folgenden Bedingungen kaufen: Gegen einen am 17. September 1717 ausgestellten Wechselbrief sollte er innerhalb von 24 Stunden nach dem folgenden Modus zahlen. In der ersten Stunde 1 Pfennig, in der zweiten Stunde 2 Pfennige, in der dritten Stunde 4 Pfennige, in der vierten Stunde 8 Pfennige und so weiter bis zur vierundzwanzigsten Stunde; jede Stunde also das Doppelte von dem, was er in der vorhergehenden Stunde gezahlt hatte. Johann Carl von Eckenberg war im festen Glauben, ein gutes Geschäft abgeschlossen zu haben. Die Mathematik beherrschte er offensichtlich weniger als seine Kraftkunststücke.

JOHANN CARL
v. ECKENBERG
alt 33 Jahr. 1718.

Man verpflichtete den »Leipziger Rechenmeister«, Herrn Gottfried
John, der errechnete, daß gegen den Wechselbrief, also für das Pferd,
58254 Taler, 5 Groschen und 3 Pfennige gezahlt werden müßten. Es
stand somit sehr traurig um den Herkules. Der Leutnant Beyer hielt
an der Abmachung fest und drohte, den Herkules verhaften zu lassen, falls dieser ihm nicht bald den Betrag bis auf die 3 Pfennige genau auszahlen würde. Eckenberg blieb nur übrig, schnell aus Leipzig
zu fliehen. Als er nach sechs Jahren wieder nach Leipzig kam, setzte
ihm der Leutnant Beyer erneut mit seiner Forderung zu. Auch 1731
gab der Leutnant während eines weiteren Besuches des Herkules
noch nicht auf. Doch seine Bemühungen waren vergebens, denn der
vierzehn Jahre dauernde Prozeß wurde niedergeschlagen, indem

»die hohe Justiz« den in betrügerischer Absicht ausgestellten Wechselbrief annullierte. Nach anderen Quellen mußte Eckenberg seinen gesamten Besitz verkaufen, dessen Gesamterlös (900 Taler, 20 Groschen und 8 Pfennige) der Roßhändler einstrich und die Angelegenheit damit als erledigt ansah.

Obwohl ihm in diesen fünfzehn Jahren durch den Leutnant Beyer viel Ärger bereitet wurde, können sie als die Zeit seiner größten artistischen Erfolge bezeichnet werden.

Der Herkules Harzmann war nicht nur durch seine unglaublichen Kraftübungen, sondern auch als Quacksalber und Kunstschütze sehr bekannt. Im Vergleich zu anderen Artisten, die mit einer armseligen Bude umherzogen, war er auf dem Höhepunkt seiner Karriere reich wie ein Fürst. Auf dem Neumarkt in Dresden beschäftigte er in einem großen hölzernen Bau drei Künstlerinnen, eine Holländerin, eine Italienerin und eine Engländerin, die auf dem Seil Luftsprünge und Tänze vorführten, wie man sie zuvor noch nicht gesehen hatte.

Obwohl er so ungebildet war, daß er kaum seinen Namen schreiben konnte, forderte er kühn die Ärzteschaft heraus und behauptete, »er sei als Wunderdoktor imstande, bessere Kuren zu verrichten, als seine Gegner«. Er wird allerdings wohl genau gewußt haben, daß sein Antimonial-Öl, das er gegen Melancholie und Ischias verkaufte, oder die Büchse, die man anhauchen mußte, um sich gegen Schlaganfall, Taubheit und Blindheit zu sichern, nichts anderes heilen konnten als die Schwindsucht seines Geldbeutels.

Wie aus einer Schrift hervorgeht, zeichnete sich »Samson der Unüberwindliche« durch 16 Kraftübungen aus:

das Heben schwerer Lasten oder von Männern und Pferden, Festhalten eines Stockes mit den Zähnen, den zwei Männer mit aller Kraft nicht fortreißen konnten; Biegen von Tellern, Nägeln und Münzen u. a. Seine Künste wurden sogar in Versen verherrlicht.

Der preußische »Soldatenkönig« Friedrich Wilhelm I., der auf Körpergröße und Körperstärke viel Wert legte, stellte Eckenberg am 14. Juni 1717 ein Pergament aus, das bezeugte, daß er »dem König Friedrich Wilhelm I. seine Stärke gezeigt habe«. Gleichzeitig erhielt er eine Auftrittsgenehmigung. Er gab 32 Vorstellungen, die das große Ereignis von Berlin wurden.

Die Berliner erzählten sich Wunderdinge von der Körperkraft, mit der Eckenberg zuweilen zum Ergötzen seiner Mitbürger derbe Scherze ausführte. So begab er sich eines Tages in einer Sänfte in ein Haus, in dem er zum Mittagessen eingeladen war. Er ließ die Sänfte vor dem Haus bis zu seiner Rückkehr warten. Als er wieder einstieg, sagte er den Trägern, sie müßten sich zusammennehmen, denn er habe so viel gegessen und getrunken, daß er außerordentlich schwer sei. Die Träger lachten über den vermeintlichen Scherz, aber das Lachen verging ihnen bald, als sie unter der Last, die sie zu schleppen hatten, fast zusammenbrachen. Plötzlich ließ Eckenberg anhalten, stieg aus und kehrte nach kurzer Zeit in die Sänfte zurück, diesmal hatte er aber sein Normalgewicht. Die Träger glaubten an Hexerei und liefen davon. In Wirklichkeit hatte der Simson zuvor vier Zentnergewichte unter dem Mantel versteckt gehabt, die er dann entfernte. Er blieb jedoch diesmal noch nicht in Berlin, sondern durchwanderte mit seiner Truppe fünfzehn Jahre lang Deutschland, Belgien, Polen und Schweden.

1731 kehrte er mit einer Truppe von sechsundzwanzig Personen nach Berlin zurück und schlug auf dem Neuen Markt seine Theaterbude auf. Noch immer trat Eckenberg selbst auf. Er zerriß ein Seil, das der Zugkraft von zwei Pferden widerstanden hatte. Er hob ein Pferd mit Reiter und ließ sich Steine auf seiner Brust zerschlagen. Obwohl Friedrich Wilhelm I. die Komödianten, Harlekine und Marktschreier verachtete und teilweise aus seinem Land verbannte, wollte er den »Starken Mann« Eckenberg gern in Berlin behalten. Es kam zu einem Übereinkommen:

Eckenberg kaufte ein Grundstück an der Ecke Charlotten- und Zimmerstraße und ließ dort ein Theater bauen. Dafür ernannte ihn der König zum Hofkomödianten und erteilte ihm 1732 das »General-Privilegum für Berlin und die Königlichen Lande«. Eckenberg durfte »zur Rekreation der Leute und Zeitvertreib derjenigen, so nicht viel zu tun haben, künstliche Spiele treiben und Komödien anstellen«.

Johann Carl von Eckenberg verstärkte nun seine Truppe und engagierte Schauspieler, deren Namen in der Schauspielgeschichte des 18. Jahrhunderts einen guten Klang bekamen. Der König wurde häufiger Besucher des Theaters, und nach einer Klage Eckenbergs über mangelnden Besuch gab er den Befehl aus, daß alle Kollegien täglich einige Mitglieder zu Eckenbergs Vorstellungen schicken sollten.

Der Herkules Eckenberg leitete das erste ständige deutsche Theater in Berlin. Das Programm bestand aus Marionettenspielen, Singspielen, italienischen Stegreifkomödien und vor allem Hanswurstiaden. Daneben gab es artistische Produktionen sowie seine Kraftdarbietungen. Selbst ein Zahnreißer gehörte zu seiner Truppe.

Bei den reisenden Komödiantentruppen war es durchaus üblich, in den Zwischenakten das Publikum mit allerlei Akrobatenkunststükken und musikalischen Vorträgen zu unterhalten. Diese Zusammenhänge erhielten sich noch bis in die klassische Zeit unserer Bühne. So beeindruckte Friedrich Ludwig Schröder beispielsweise seine Zuhörer als Hamlet, und im gleich darauffolgenden Nachspiel trat er als tollkühner Springer auf. Aus dieser uralten Bindung zwischen Artistik und Schauspielerei heraus wird erklärlich, daß der erste Berliner Theaterdirektor aus den Reihen der Athleten kam.

Über eine Schwäche Eckenbergs gibt ein Brief des Generalmajors von Dünhoff Auskunft, der schreibt:

»... wobei ich aber Ew. Königl. Majestät alleruntertänigst melden muß, daß, wenn ich zu allem Glück gestern nicht in der Comödie gewesen wäre, bald ein Unglück hätte geschehen können, sintemalen der starke Mann und seine Frau sich dergestalt beide besoffen gehabt ...«

Den König störte das jedoch nicht weiter, und die Theatergeschichte weiß außerdem von anderen Prinzipalen ähnliches zu berichten. Schließlich ernannte der König Eckenberg zum »Leiter der Assemblée«, einer Art Klub der vornehmen Welt. Eckenberg hatte während der Zeit Friedrich Wilhelms I. stets ein ausverkauftes Haus, da die Majestät keine Konkurrenz zuließ und ihm somit das Monopol sicherte.

Eckenbergs Ansehen erreichte damals seinen Höhepunkt. Die großen Einnahmen (über 100 000 Taler) genügten aber nicht. Der Bau seines Theaters verschlang hohe Summen. Außerdem wurde er leichtsinnig und machte große Schulden. Mit dem Tode von Friedrich Wilhelm I. 1740 waren auch Eckenbergs Privilegien erloschen. Obwohl Friedrich II. dem Herkules zögernd das Theaterprivileg noch einmal erneuerte, erteilte er ihm gleichzeitig die Auflage, Berlin nicht zu verlassen und seine Schulden zu begleichen.

Bald darauf, um 1743, trat aber mit dem weitaus gediegeneren Theatermann Johann Friedrich Schönemann ein ernsthafter Konkurrent auf den Plan. Schönemann erhielt seinerseits ein Privileg, spielte Molière, Voltaire und Lessing mit führenden Künstlern und lief Ekkenberg bald den Rang ab. Eckenbergs Proteste gegen das dem Schönemann erteilte Theaterprivileg wurden zurückgewiesen.

Mit zunehmendem Alter ließen seine Riesenkräfte naturgemäß nach, und obwohl er weiterhin in seiner Schaubude auf dem Spittelmarkt, wohin er vom Neuen Markt gezogen war, auftrat, hatte er nicht mehr solch ansehnliche Einnahmen. In seiner Glanzzeit, als seine Kraftkunststücke große Honorare einbrachten, hatte er es nicht verstanden, für das Alter zu sparen. Durch übermäßiges Trinken versuchte er nun den Ärger zu vergessen, doch wurde seine Lage dadurch nur noch schlimmer. Seine Gläubiger und die Erfolge Schönemanns verbitterten ihm das Leben.

So zog er aus Berlin weg nach Luxemburg, wo er 1748 (nach anderen Angaben 1754) völlig verarmt und vereinsamt Selbstmord beging.

Johann Carl von Eckenbergs Verdienste um die deutsche Schauspielkunst sind später meist verkannt worden. Gottsched nennt jedoch in der Vorrede zum zweiten Teil seiner »Deutschen Schaubühne« den »starken Mann und seine Possenspieler« im gleichen Atemzug mit der Neuberin. Unzweifelhaft hat Eckenberg wesentliche Verdienste besonders um das Berliner Theater und Varieté.

Von Astley bis zum Zirkus des 20. Jahrhunderts

Während vom Mittelalter bis zum Beginn des 18. Jahrhunderts die Jahrmärkte mit ihren vielfältigen Belustigungen die beliebteste Unterhaltungsform waren, erlangte in der Mitte des 18. Jahrhunderts eine neue Kunstform das allgemeine Interesse: die Kunstreitertruppen. Diese Entwicklung hatte zwei Hauptursachen. Durch die industrielle Entwicklung verloren die Jahrmärkte und mit ihnen die Jahrmarktsschauen an Bedeutung. Die Begüterten unter den Jahrmarktskünstlern wandten sich nun einem Genre zu, das in jener Zeit stark an Interesse gewonnen hatte: dem Pferdesport. Reitschulen für die Ausbildung der Angehörigen der oberen Gesellschaftsklassen entstanden in ganz Europa. Die Akrobaten und Seiltänzer verlegten ihre Darbietungen auf den Pferderücken. Ein anderer Teil der »Pferdekünstler« kam aus den Reitschulen oder aus dem militärischen Bereich. Zu letzteren gehörte auch der Engländer Philipp Astley, der »Vater des Zirkus«. Er baute in London eine der üblichen Reitschulen, aber bald unterschied sich deren Programm wesentlich von den Vorführungen anderer Kunstreitertruppen. Astley bezog in seine Vorstellungen die Auftritte von Seiltänzern, Akrobaten, Kraftmenschen, Abnormitäten und Kleintierdresseuren ein. Einen beträchtlichen Raum nahmen ferner mimische Szenen (meist zu Pferd) und Pantomimen ein, die – ebenso wie die anderen Genres – von den Jahrmärkten übernommen wurden. Damit war der moderne Zirkus geboren. 1782 ließ Astley seine Reitschule überdachen und nannte sie nun »Astleys Amphitheater« – die Bezeichnung Zirkus existierte zwar schon für ähnliche Unternehmen in England, setzte sich aber erst später endgültig durch, vor allem als in Frankreich, das mittlerweile die Führung in der zirzensischen Entwicklung übernommen hatte, den »Pferdetheatern« durch ein Dekret Napoleons verboten

Astleys Zirkus

wurde, sich Theater zu nennen. Die Brüder Franconi in Paris folgten dem der Antike huldigenden Zeitgeschmack und nannten ihr 1807 eröffnetes Unternehmen »Cirque Olympique«.

Die neue Kunstform bot den Artisten gute Entwicklungsmöglichkeiten. Kusnezow schreibt in seinem Buch »Zirkus der Welt«, daß die Akrobaten der Schaubuden fast ausschließlich mit dem Körper arbeiteten, also auf Apparate und aufwendigere Requisiten verzichteten. Der Kraftakrobat arbeitete entweder als Äquilibrist mit einem Partner, den er, als Untermann, emporstemmte und in verschiedenen Posen im Gleichgewicht hielt, oder mit »totem Gewicht«. Es gab Kettensprenger und Ringer, »Menschen mit eisernem Gebiß« und Athleten, die auf der nackten Brust Steine zertrümmern ließen, »Eisenkönige« und andere. Die Begabteren schlossen sich den kleinen Wanderzirkussen an, vervollkommneten ihre Künste, und die Besten unter ihnen schafften den Sprung in die großen stationären Unternehmen.

Ein Anschlagzettel von 1850

Wie die anderen Akrobaten fanden also so die Athleten Eingang in die Zirkusprogramme.

Zu den Großen der Kraftakrobaten jener Zeit zählt der um 1800 in Innsbruck als Karl von Rapp geborene Karl Rappo. Der junge Adelssproß schloß sich einer umherziehenden Gauklertruppe an, es kam natürlich zum völligen Bruch mit der Familie, und er zog als Artist unter dem Namen Rappo durch die Lande. 1825 heiratete er in Hamburg Josephine Belli und begann nun, eine kleine Artistentruppe aufzubauen. Das »Rappo-Theater« zeichnete sich durch prächtige Ausstattung aus, gastierte in den besten Etablissements und machte hervorragende Geschäfte. Rappo war sehr vielseitig, er trat als Äquilibrist, Jongleur und Kraftakrobat auf. Mit seinem Lehrjungen Karl-Johann Schäffer entwickelte er die Ikarischen Spiele.

Er warf mit sechs 5pfündigen Eisenkugeln den sogenannten Kranz, eine Jonglage mit einer Hand. Auf seinen Schultern soll er einen Wagen, acht Männer und ein Pferd getragen haben. Den Abschluß seiner Vorstellung bildete die Balance des Modells eines Kriegsschiffes, wobei er sämtliche Segel und Flaggen hißte und so unter Kanonendonner und von bengalischem Feuer umlodert eine kriegerische Apotheose bot.

Seinen glanzvollsten Ruhm erreichte er in Rußland, das schließlich zu seinem Hauptbetätigungsfeld wurde. Zar Nikolaus zeichnete den Artisten durch zahlreiche Gunstbeweise aus und ließ sich die vielen Abenteuer des Kraftakrobaten berichten, etwa wie er 1834 auf dem Wege von Nishni-Nowgorod nach Simbirsk von Räubern überfallen wurde, schnell eine Deichsel aus dem Wagen riß und mit dieser gewaltigen Keule die Angreifer in die Flucht schlug. Karl Rappo starb 1854 in Moskau an Typhus. Sein 1826 geborener Sohn François wurde ebenfalls Kraftakrobat, erreichte aber nicht die Leistungen des Vaters.

Etwa Mitte des 19. Jahrhunderts kam auch der Zahnhang auf. Das Gerät bestand aus einem eisernen Haken und einer Lederzunge. Der Akrobat biß in die Lederzunge und ließ sich im freien Zahnhang drehen und eventuell noch beschweren. Dieser relativ einfache Zahnkrafttrick ließ später ein eigenes Genre entstehen, die Zahnkraftakrobatik. Milo Barus soll während einer Weltmeisterschaft der »stärksten Männer der Welt« 1933 in Kairo am Flaschenzug hängend mit den Zähnen selbst ein Klavier und fünf Musiker gehoben haben.

In den siebziger Jahren des 19. Jahrhunderts ließ sich Adolphe Morro zehn Zentner auf die Brust legen und schmetterte in dieser Lage Opernarien. Er wurde mit Recht der »Eiserne Tenor« genannt.

Einer der bekanntesten Kraftakrobaten Schwedens war Josef Möller. Er wurde 1866 im englischen Hull geboren und entstammte einer deutsch-dänischen Artistenfamilie. Bereits mit siebenundzwanzig Jahren leitete Josef Möller eine eigene Truppe, aus der sich später der Zirkus Möller entwickelte. Möller arbeitete im Stil seiner Zeit mit Hanteln, Gewichten an Eisenstangen, mit denen er jonglierte und die er zur Hochstrecke brachte. Mit seinem Zirkus bereiste er fast alle skandinavischen Länder. 1917 verstarb er im schwedischen Gävle.

33

Der Schwede Josef Möller

Die äquilibristisch arbeitenden Kraftakrobaten – also die Arbeit von Unter- und Obermann ohne Requisiten – kamen vorwiegend aus dem Sportbereich, sie waren also Ringer oder Schwerathleten. Erst allmählich gewann das Repertoire, den Anforderungen vor allem der Varietés entsprechend, an Breite, der sportliche Aspekt trat gegenüber dem artistischen zurück. Um das Spiel der Muskeln zu demonstrieren, traten die Kraftakrobaten möglichst spärlich bekleidet auf, mit Tiger- oder Leopardenfellen bedeckt, später vor allem im stilisierten Kostüm der römischen Gladiatoren. Einige trugen allerdings auch dem gutbürgerlichen Zeitgeschmack Rechnung und präsentierten sich als »Salonakrobaten« im Frack. Einer der bekanntesten Salonathleten dieser Zeit war der Wiener Sportlehrer Theo Fred Gläser.

Das 19. Jahrhundert brachte eine Vielzahl bemerkenswerter Athleten hervor, von denen auch einige durch ihre Spitzenleistungen bekannt geblieben sind. Dazu gehören zum Beispiel:

Die Gebrüder Rasso, Bernhard Leitner, Hans Jensen, Hans Arrino, Emil Voss, der Grieche Antonis Pieri, der Wiener Wilhelm Türk, der Italiener Ninos, Carl Franke, Arpin aus Frankreich, John Holtum, Johannes Treu, Dumont, Bansart, Conchas.

Als um 1880 Carl Abs seine Triumphe feierte, wurde ganz Deutschland von einer Begeisterung für die Schwerathletik erfaßt.

Der Mecklenburger Carl Franke gab als Kraftjongleur und Äquilibrist überall in Europa Vorstellungen und hatte einen ausgezeichneten Ruf. Franke nahm unter anderem ein 6,60 m langes und 25 cm dickes Stück Holz, das von vier Männern aufgerichtet werden mußte, mit den Zähnen auf, warf es ein Stück hoch, fing es mit den Zähnen wieder auf und balancierte es noch eine Weile. Einen ähnlichen Kraft- und Balancetrick führte er mit einer Leiter aus, auf der sich oben zwei große mit Eisenreifen beschlagene Wagenräder befanden.

Theo Gläser-Jagendorfer

John Holtums Kugelfang

Franke konnte auch mit einem Gewehr, dessen Bajonettspitze er auf seine Stirn stellte, tanzen, sich hinlegen und wieder aufstehen, ohne daß er sich dabei verletzte oder das Gewehr verlor.

Der 1845 in Hadersleben geborene John Holtum zeigte den sogenannten Kugeltrick. Dabei fing der Athlet eine von einer Kanone abgeschossene Kugel auf. Bei einem der ersten Versuche riß ihm eine Kugel einen Finger der linken Hand ab. Holtum lebte in London, und es gelang ihm 1872 mit verbessertem Geschütz zum ersten Mal, eine Kugel ohne Verletzungen zu fangen. Den Kugelfang zeigte er danach einige Jahre in seinem Programm. Außerdem war Holtum auch ein ausgezeichneter Kraftjongleur, der in San Francisco und anderen Städten Amerikas großen Erfolg hatte. Er starb 1919.

Paul Spadoni kopierte wenig später den Kugelfang Holtums, erhöhte die Schwierigkeit und ließ diese Nummer Ende des 19. Jahrhunderts zur internationalen Sensation werden.

Auch Frauen sind mit dem Kugelfang aufgetreten, so die aus Straßburg stammende »Kanonenkönigin« Victoria, die erstmals 1884 eine aus einem Feldgeschütz abgefeuerte 25pfündige Kugel mit den Händen fing. Ein Opfer des Kugelfangtricks wurde der Kraftathlet Kroton, der eine 42-cm-Granate aus einer Kanone abfeuern ließ und sie auffing. Eines Tages bei einem Gastspiel in Halle zerschlug eine Granate ihm die Brust.

Hans Arrinos äquilibristische Kraftnummer stellt heute noch eine einmalige Spitzenleistung dar. Seine auf vielen internationalen Bühnen gezeigte lebende und plätschernde Fässerpyramide wurde nie kopiert.

Der 1865 in Elbersfeld geborene Bernhard Leitner lernte zunächst den Beruf eines Bankbeamten und war nebenbei ein aktiver Turner. Die Bekanntschaft mit Carl Abs inspirierte ihn. Zahlreiche eigene Ideen und Ausdauer beim Üben ließen ihn bald zu einem vielseitigen Kraftakrobaten werden. 1890 zeigte Leitner, wie man durch Anspannen der Muskeln um den Körper gelegte Ketten sprengt. Kopierten andere Kraftakrobaten seine Tricks, so änderte er sein Programm und brachte etwas Neues. Leitner baute sich auch als erster eine Pferdeschaukel. In Brückenstellung ließ er ein Brett über sich legen und darauf zwei Pferde wippen. Dabei gab es eines Tages, als der Beifall losprasselte, einen unglücklichen Zwischenfall. Eines der Pferde scheute, und Leitner bekam den Pferdehuf ins Gesicht. Aber der Artist verbiß den Schmerz und brachte die Nummer blutüberströmt zu Ende.

Der aus dem damaligen Weißrußland kommende Johannes Treu versetzte die Zuschauer durch die Kraft seiner Hals- und Kinnbakkenmuskeln lange Zeit in Erstaunen. Man nannte ihn die »Lebende Deichsel«. Er faßte mit seinen Zähnen die Sielen eines Pferdes, legte sich in einen mit noch drei Personen besetzten Pferdewagen und ließ dann sich und den Wagen von dem Pferd wegziehen.

Paul Conchas (eigentlich Paul Hütt) und sein Partner Julius Neumann hatten ihrer Kraftjonglerie einen militärischen Anstrich gegeben, dem Zeitgeschmack des ausgehenden 19. Jahrhunderts entsprechend. Unter den Klängen von »Preußens Gloria« und – mit allerhöchster Erlaubnis – in der Offiziersuniform des Garde du Corps jonglierte Conchas bis zu 20pfündige Eisenkugeln, fing mit dem Schleuderbrett geworfene Kugeln und Granaten mit dem Genick und balancierte 1895 auf der Stirn eine zweirädrige Kanone. Der Partner als Kanonier arbeitete komisch und verstärkte damit noch die Wirkung der Nummer, die auch international großartig ankam. Einer der Tricks war, einen Partner auf einem Stuhl Platz nehmen zu lassen, ihm einen gedeckten Tisch auf die Knie zu setzen und alles zu balancieren, während der Mann zu essen begann. Ein weiterer Trick Conchas' bestand darin, zwei Kanonenkugeln, die er durch Rotieren auf Stäben im Gleichgewicht hielt, auf Stirn und Knie zu jonglieren. Bei der geringsten Unaufmerksamkeit konnte – ähnlich wie beim Trick des sogenannten Schellenbaums – eine herunterfallende Kugel seinen Kopf zerschmettern. Paul Conchas starb 1916 während eines Gastspiels in den USA. Erst 1923 fand Julius Neumann in dem Berliner Springer einen neuen Partner, der Conchas ebenbürtig war. Als Achilles und Neumann setzten sie die Nummer bis zum Tod Neumanns 1949 fort. Springer reiste mit einem anderen Partner als Achilles und Patroklos noch drei Jahre mit Zirkus Aeros, dann setzten sie sich aus Altersgründen zur Ruhe.

Dumont trug auf seiner Brust ein Podium mit einem Klavier und fünf Musikern. Dieser Trick wurde im Schwierigkeitsgrad noch erhöht, weil die Personen musizierten und dadurch die gesamte Plattform in ungleichmäßige Bewegungen versetzt wurde. Eines Tages stürzte dann auch das Podium mit den Musikern und Instrumenten über dem Kraftakrobaten zusammen. Er kam aber mit einem gebrochenen Arm davon.

Der Italiener Ninos soll mit seinem Rücken eine 1100 kg schwere Kanone gehoben haben. Ninos führte auch den folgenden Trick aus: Ein Luftschaukelgestell mit sechs Gondeln wurde in der Manege aufgebockt. Sechs erwachsene Männer stiegen in die Gondeln. Er schob sich unter das Schaukelgestell und bildete eine lebende Stützbrücke. Noch in Ruhestellung wurden dann langsam die Unterstützungsbalken entfernt, und die gesamte Last von etwa 800 kg ruhte auf Ninos' Brustkorb. Danach begannen die sechs Männer noch die Gondeln in eine rhythmische Schaukelbewegung zu versetzen. Der Kraftakrobat hielt diese bewegte Last einige Minuten lang.

Bernhard Leitner mit der Pferdeschaukel

Als Handkraftspezialist erwies sich der Engländer Bansart. Er konnte zwischen Daumen und Zeigefinger einer Hand zehn Billardstöcke an den dünnen Enden erfassen und in die Höhe heben. Ein 6 kg schweres Gewicht faßte er ganz nahe an einer Kante und hob es so an. Bansart brachte es auch fertig, ein Paket von einhundertsechzig Spielkarten zu zerreißen, dicke Eisenstangen zu verbiegen und Hufeisen zu zerbrechen. Das Zerreißen von Tennisbällen war ebenfalls eine seiner Spezialitäten.

Die Gebrüder Rasso zeigten enorme kraftakrobatische Leistungen, so das Heben eines gesamten Orchesters und das Tragen eines Karussells. Einer der Rassos ließ sich in Brückenstellung, auf Arme und Beine gestützt, nieder, und man stellte auf seinen Brustkorb ein Karussell, das mit zehn Erwachsenen belastet und in Bewegung gesetzt wurde. Weitere kraftakrobatische Tricks werden auf einem Plakat des »Casino de Paris« angekündigt. Da Gottfried Rasso nicht nur sehr populär, sondern auch schön und stets gepflegt gewesen sein soll, bescherten die damaligen Modeschöpfer den Damen Rasso-Hüte und den Herren Stöcke und Krawatten à la Rasso. Er und seine Frau, die anmutige Trapezkünstlerin Miß Viktoria (Anna Nordmann), haben über drei Jahrzehnte lang das Publikum vieler Länder begeistert. Gottfried Rasso sollte eigentlich wie sein Vater Arzt werden. Als Medizinstudent verließ er jedoch die Charité und gab seinem Drang zur Kraftakrobatik nach. Bald verschaffte er sich durch seine Kraftnummern Weltruhm. In jener Zeit war das Tragen eines Klaviers samt Pianisten ein sehr verbreiteter Trick. Die Zirkusdirektorin Paula Busch ließ sich dazu einen besonderen Reklamegag einfallen und berichtet in ihren Memoiren die folgende Episode über Gottfried Rasso: Als Rasso während seines Auftritts mit dem rechten Arm ein junges Reitpferd hob und durch die Manege trug, mußte der Pianist einige falsche Töne anschlagen. Daraufhin spielte Rasso den Verärgerten, setzte das Pferd ab, lief zur Zirkuskapelle hoch und lud sich das Klavier samt dem Pianisten, der wie festgeschnallt mit angstvoller Miene auf seinem Sitz klemmte, auf seinen Rücken.

Auf dem Weg in die Manege spielte der Pianist einen flotten Marsch. Damit hatte er offensichtlich den Athleten besänftigt und durfte unversehrt zu den übrigen Musikern zurückkehren.

Wenden wir uns von den großen Zirkusstars den kleineren Unter-

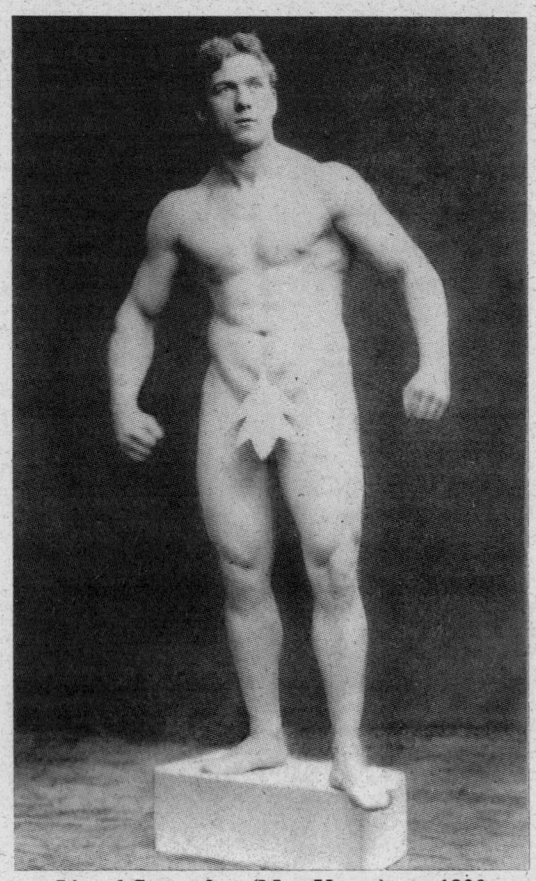

Lionel Strongfort (Max Unger) um 1900

nehmen dieser Zeit zu. Auch wenn die Tendenz für die Schaubuden-Herkulesse um 1900 rückläufig war, gab es doch noch eine stattliche Anzahl solcher Athleten. Stellvertretend für sie soll ein Unternehmen näher betrachtet werden.

Um 1892 fand die Leipziger Kleinmesse noch im Stadtinneren statt. Dort stand eine sehr einfach ausgestattete Bude der Schaustellerfamilie Robert Kern. Die große Aufschrift lautete:

»Original-Herkules-Ringkämpfer-Truppe.
Stärkste Männer Sachsens«

Die Kerns gehörten zu den volkstümlichen Leipziger Originalen, zu denen später auch Seiferts Oskar als populärste und zugleich spaßigste Erscheinung zählte. Als Robert Kern 1914 starb, führte seine Frau Lina das Geschäft bis 1932 weiter. Das Gekreisch und Gebimmel der Karussells und Automaten rundum wurde viele Jahre von ihrer energischen Stimme übertönt. Wenn im Publikum »starke Männer« auftauchten, die eine Gefahr für die Budenathleten werden konnten, meisterte Mutter Kern mit nie versiegender Schlagfertigkeit und unverwüstlichem Humor großartig die Situation. Auf die indiskrete Frage von Friedrich Bun, für ein Zeitungsinterview 1941, nach der Praxis der damaligen Kämpfe, gab die bereits 78jährige Lina Kern eine aufschlußreiche Antwort. Bun fragte: »So ganz korrekt ging das doch wohl mit den Männern aus dem Publikum, die sich zum Kampf meldeten, nicht zu?« Darauf Frau Kern: »Das sind eigentlich Geschäftsgeheimnisse. Machten sich vor der Bude wirklich mal Männer mausig, dann wurde es ihnen ordentlich besorgt. Meine Leute waren schließlich Berufsathleten und verstanden ihr Geschäft. Der Sport steckte noch in den Anfängen, und was sich so Box- und Ringkämpfer nannte – da war nicht viel dahinter.«

Von den Jahrmarktsbuden wieder zu den Großen der Kraftakrobatik zurückkehrend, müssen die Namen derjenigen genannt werden, die für die Entwicklung der Kraftakrobatik des 20. Jahrhunderts von Bedeutung waren, wie John Grün, Eugen Sandow, Siegmund Breitbart, Sandwina, Paul Spadoni, Lionel Strongfort, die Saxons, Georg Jagendorfer und seine Söhne Karl und Leopold, Franz Stöhr, Alexander Sass und viele andere, auf die im folgenden ausführlicher eingegangen wird.

Anfang des 20. Jahrhunderts gab es auch in der Kraftakrobatik neue Tendenzen. Neben der Weiterentwicklung von Apparaten und Requisiten wurden die Darbietungen künstlerisch besser durchgefeilt und damit ästhetischer. Ein Beispiel hierfür ist die Varieté-Nummer der »Zwei Sandwinas«. Eisenstangen wurden nicht nur schlechthin verbogen, sondern von den Großen der Kraftakrobaten in verblüffender Schnelligkeit zu Gitterornamenten verformt. Katharina Brumbach und Siegmund Breitbart verwendeten dazu 7,5 mm dicke Rundeisenstangen und traten mit diesen sensationellen Darbietungen

Ende der zwanziger Jahre unseres Jahrhunderts an die internationale Öffentlichkeit.

Im Zirkus, selbst in Großunternehmen wie etwa dem Zirkus Busch, der in Wien, Hamburg, Breslau und Berlin bereits feste Häuser besaß, wurden noch bis zum Beginn des 20. Jahrhunderts Ringkampfkonkurrenzen durchgeführt. Aus dem Sport hervorgegangen, haben Ringen und Boxen im Zirkus zeitweilig eine gewisse Rolle gespielt, erwiesen sich aber auf die Dauer als ungeeignet für Bühne und Manege. Nur im russischen Zirkus hatten sie eine größere Bedeutung, die Ursachen dafür lagen im gesellschaftlichen Bereich. In der Zeit der schärfsten Unterdrückung aller revolutionären Tendenzen waren die Ringkämpfe im Zirkus für das Volk eine Art Ersatzbefriedigung, die starken Männer wurden zu legendären Symbolen.

Während also Ring- und Boxkämpfe im Zirkus eine zeitweilige Randerscheinung blieben und – ebenso wie andere Versuche, den Zirkus zu »theatralisieren« oder zum Varieté umzuwandeln – die Entwicklung der Zirkuskunst nur kurzzeitig hemmen, aber nicht endgültig beeinflussen konnten, blieben Kraftakrobaten im Zirkus und auch im Varieté stets ein beliebter Bestandteil der Programme. Sie würden in Zeiten, wo auch der Zirkus zur reaktionären Manipulation des Publikums diente, zu Zwecken des Chauvinismus und Militarismus mißbraucht, aber auf die Dauer setzten sich wieder die ästhetisch vollkommenen, der Unterhaltung dienenden kraftakrobatischen Darbietungen durch – bis zur Gegenwart, wo Kraftakrobaten und Kraftjongleure beliebt sind wie eh und je.

Die Väter des Kraftsports

Karl Abs

Der Schwerathlet Karl Abs trug aufgrund seiner großen Erfolge im Ringen und Heben erheblich zum Entstehen einer außergewöhnlich großen Anzahl von Kraftsportvereinen bei. Obwohl er so prominente Vorgänger wie Prof. Attila (Durlacher) und Charles Ernest (Müller) hatte, wird ihm das Hauptverdienst zugeschrieben, den Grundstein für die deutsche Schwerathletik gelegt zu haben.

Abs, geboren 1851 in Groß Godems in Mecklenburg, besaß einen harmonischen Körperbau mit vollkommen gleichmäßig entwickelter Muskulatur und machte trotz der gewaltigen Maße (mit 35 Jahren Oberarm 40 cm, Unterarm 35 cm, Oberschenkel 65 cm, Wade 44 cm, Gewicht 100 kg) keinesfalls den Eindruck eines Kraftprotzes. Nachdem Abs 1882 in Hamburg, als 31jähriger, den »Eisernen Wilhelm« in 10 Minuten auf die Matte geworfen hatte, gab er seinen Zimmermannsberuf auf und widmete sich völlig dem Kraftsport. Bald fand sich in Deutschland kein Kämpfer mehr, den er noch nicht besiegt hatte, und er bereiste die ganze Welt. Der Erfolg schien ihm auch im Ausland treu zu bleiben.

Als Karl Abs seine Triumphe feierte, begann in Deutschland eine Welle der Sportbegeisterung für die Schwerathletik. In vielen Orten, in denen er aufgetreten war, gründete man Kraftsportvereine, um ihm nachzueifern.

Abs erkannte sehr schnell die Bedeutung des Gewichthebens für die gründliche Durchbildung des Körpers und die Stählung der Muskeln. Beim Gewichtheben vollbrachte er Leistungen, die lange Zeit unerreicht blieben.

Anfangs trafen sich in den Vereinen nur von Natur aus starke

Männer, die sich abmühten, die Krafttricks der Berufsathleten nachzuahmen. Es war ein langer Prozeß, bis sich diese anfängliche Kraftmeierei zum schwerathletischen Sport entwickelte. Man übte sich zunächst im Ringkampf und Gewichtheben. Zum Gewichtheben
bedienten sich die Athleten aller Dinge, deren man leicht habhaft
werden konnte, wie Räder, eiserne Wagenachsen, Feld- und Grenz-
steine. Erst später ging man zu praktischeren Geräten über, wie Hanteln und Kugelstangen.

Karl Abs trat auch als Kraftakrobat auf, er verbog Hufeisen, hob
Pferde sowie Elefanten und jonglierte mit Baumstämmen.

In den USA besiegte er den Meisterringer von England, Edwin
Bibby, den Japaner Matsada Sorahicki und den berühmten amerikanischen Ringer William Muldoon. Nach seiner Rückkehr nach Europa war er 1889 in Lemberg engagiert. Zu dieser Zeit galt er als der
beste Ringkämpfer der Welt, und er befand sich im vollen Besitz seiner gewaltigen Kräfte. Eines Herbsttages wurde ihm in Lemberg ein
besonders schweres und feuriges Pferd zum Heben vorgeführt. Abs
war stets vorsichtig bei solchen gefährlichen Darbietungen. Er hob
das Tier auf und hielt es eine Zeitlang schwebend in der Luft. Beim
Niederlassen bäumte sich das Pferd jedoch plötzlich auf und warf
sich dann ungestüm auf den Boden nieder. Abs befand sich schon in
gebückter Körperhaltung, um den Haken des Gurtes, mit dem er das
Pferd gehoben hatte, aus der Schlinge zu ziehen. Der schwere Aufprall auf seinen Körper verursachte Quetschungen und einen Mus-
kelriß in der rechten Schulter. Notdürftig geheilt, reiste er im November 1889 nach Paris. Auf der Reise befiel ihn die Grippe, doch
sogar als Fieberkranker besiegte er im Pariser Cirque d'hiver den
französischen Ringer Fournier.

Abs wog vor dieser Reise 223 Pfund und vier Wochen später nur
noch 190 Pfund. Am Weihnachtsabend des gleichen Jahres fuhr er
nach London und forderte dort jeden auf, sich mit ihm zu messen.
als Kampfprämie deponierte er 2 000 Mark bei der »Sporting Life«.
Obwohl London zu jener Zeit viele Athleten aus aller Welt beher-
bergte, wie beispielsweise Sandow und Samson, wagte sich niemand
an Abs.

Zu den Schmerzen in der rechten Schulter stellte sich nun noch
ein rheumatisches Leiden ein. Abs suchte berühmte Ärzte auf, die

Karl Abs hob Pferde und sogar Elefanten

die Ursachen seiner Schmerzen ermitteln sollten. Doch die Diagnosen der medizinischen Autoritäten fielen sehr unterschiedlich aus.

1891 gewann Abs im Berliner American-Theater noch einen sensationellen Kampf gegen den Engländer Tom Cannon.

Noch als todkranker Mann besaß er den Mut, 1894 dem gefürchteten Deutsch-Amerikaner Ernest Roeber gegenüberzutreten. Roeber war ein sehr roher Kämpfer und hatte die Absicht, seinen Namen durch einen Sieg über Abs berühmt zu machen. Zu einem ruhmhaften Sieg kam es aber nicht. Abs bewies, daß er immer noch ein nicht zu unterschätzender Gegner war, und ertrug längere Zeit die ihm von Roeber durch dauerndes Strangulieren verursachten Schmerzen. Unter Hinweis auf sein mit Blut besudeltes Gesicht erklärte sich Abs erst dann für besiegt, als er sah, daß das Schiedsgericht keine Anstalten machte, Roeber zu verwarnen.

Teilweise zum Invaliden geworden, verlor Abs die Lust an den ständigen Übungen. Hinzu kam noch, daß andere Athleten ihn in einigen Übungen, die die ganze Kraft des rechten Arms verlangten, erreichten oder übertrafen. Diese Tatsache verbitterte ihn, und er zog sich vom Heben völlig zurück. Der plötzliche Wechsel seiner Lebensgewohnheiten hatte jedoch für Karl Abs traurige Folgen. Sein Körper war an die regelmäßigen schwersten Anstrengungen gewöhnt und konnte die plötzliche Änderung nicht verkraften. Appetitlosigkeit, Magen- und Leberbeschwerden sowie Mutlosigkeit zeichneten ihn. Verschiedene Ärzte verordneten ihm Medizinen, die er laufend wechselte. Seine Energie war verloren. Er starb im Alter von nur 43 Jahren am 18. Februar 1895 in Hamburg.

Sein langjähriger Freund Karl Jaenecke charakterisierte Karl Abs als ein wirkliches Vorbild, der stets nur mit reiner Kraft und ohne jegliche Tricks arbeitete. Er war zur damaligen Zeit ein Könner wie nur wenige und ein Sportpionier von Weltruf.

Karl Abs' Tochter Anna machte dem Vater alle Ehre, sie war eine sehr kräftige Dame, die in Berlin an einem Abend die fünf französischen Ringkämpferinnen »Lyonels« in kurzer Zeit besiegte. Zuerst arbeitete sie als Schulreiterin, später wurde sie als Kraftakrobatin nach den USA verpflichtet. Sie kam bei einer Dampferexplosion ums Leben.

Theodor Siebert

Große Verdienste um den Kraftsport erwarb sich auch Theodor Siebert, der sich seit 1892 auf diesem Gebiet betätigte, und zwar den damaligen Verhältnissen entsprechend als Autodidakt, denn einschlägige Literatur oder erfahrene Trainer gab es noch nicht. 1897 erschien Sieberts erstes Buch, der »Katechismus der Athletik«. Es fand im In- und Ausland großen Beifall. Selbst der Leibarzt des Zaren, Dr. von Krajewski, der als Vater der russischen Athleten bezeichnet wird, teilte 1899 aus Petersburg mit, daß bald eine russische Übersetzung dieses Buches erscheinen sollte. Siebert bekam aus aller Welt Zuschriften, aus denen zu entnehmen war, daß sein Buch für viele Leser einen gesuchten Ratgeber darstellte. Allerdings waren auch Fragen komplizierter Art dabei, die Siebert nicht sicher beantworten konnte.

Titelblatt der Zeitschrift Theodor Sieberts

So kam ihm der Gedanke, eine Versuchs- und Lehranstalt für seine Ideen zu schaffen und seine Erfahrungen in der Praxis zu erproben. 1901 eröffnete Siebert in Alsleben bei Halle an der Saale im Grundstück Fischerstraße 2, der jetzigen Gaststätte »Zum schwarzen Roß«, die »Erste Trainerschule für Körperkultur in Deutschland«, die er mit einem »Erholungsheim für vernünftige Lebensweise« verband. Entsprechend seiner beschränkten Mittel war die Anlage relativ klein. Es standen anfangs nur zehn Betten zur Verfügung, und das Sonnenbad umfaßte 300 m². Obwohl Theodor Siebert den Oberarzt

49

und Bezirksarzt Dr. med. Pilf in seiner Schule als medizinischen Berater beschäftigte, galt bei ihm die heute nicht mehr völlig haltbare sinngemäße Losung: »Man kann in jedem Lebensalter ohne jede Arzenei durch tägliche einfache, mit Verstand angepaßte Übungen stark und damit gesund werden.« Die erste deutsche Trainerschule stand unter dem Motto:

»Der Körper gleicht der Lampe, in welchem der Geist brennt; in einer unvollkommenen, nicht in Ordnung gehaltenen Lampe wird nur eine trübe Flamme, ein düsteres Licht brennen.«

(Buddha)

»Als vollkommener Mann der Schöpfung gilt mir einer, der die Iphigenie schreibt und sich mit derselben Hand bei den olympischen Spielen die Siegerkrone aufs Haupt setzt.«

(Euripides)

In der Folgezeit, bis zum Beginn des ersten Weltkrieges, trainierten viele große Athleten und Kraftakrobaten in Sieberts Einrichtung nach von ihm entwickelten Methoden. Aus vielen europäischen Ländern, aus Japan, Amerika und Afrika kamen Schüler angereist, um von ihm zu lernen. Selbst spätere Olympiasieger und Weltmeister befanden sich darunter. Seine Schüler bewahrten ihm auch noch die Treue, nachdem sie zu Ruhm und Ehre gelangt waren. 1907 gab Siebert die 2. Auflage seines Buches unter dem Titel »Der Kraftsport« mit den in seiner Schule gesammelten neuen Erkenntnissen heraus.

Als der Jubilar Theodor Siebert am 25. Oktober 1955 seinen 90. Geburtstag feierte, war es ihm eine besondere Freude und Ehre, daß ihm der Bürgermeister der Stadt Alsleben persönlich ein Präsent der Stadt übergab. Diese offizielle Gratulation brachte Erinnerungen an jene Zeit zurück, in der sein Name und Werk unter den »starken Männern der Welt« einen besonderen Klang hatten.

Es soll nicht Zweck dieser Betrachtung sein, den Lebensweg und die Methoden Theodor Sieberts im Detail aufzuzeichnen. Aber es steht fest, daß die zahlreichen Veröffentlichungen neueren Datums über wissenschaftliche Trainingsmethoden mit vielen Grundideen Sieberts im Einklang stehen.

Seine Pionierleistungen auf dem Gebiet des Kraftsports sind noch heute anerkannt.

Eugen Sandow

Sandow wurde 1867 in Königsberg (heute Kaliningrad) geboren. Als Kind war er ausnehmend zart, und mehr als einmal bangte man um sein Leben. Als Vater Sandow seinem Sohn die Kunstgalerien von Rom und Florenz zeigte, beeindruckten die dort ausgestellten Skulpturen von Athleten den jungen Eugen sehr. Nach Hause zurückgekehrt, nahm er ein regelmäßiges Training auf, um eine solche Idealfigur zu bekommen. Trotz großer Anstrengungen gelang ihm dies aber bis zu seinem achtzehnten Lebensjahr nicht. Nach eingehendem Studium der Anatomie fand er die geeigneten Mittel für die allseitige Entwicklung der menschlichen Muskulatur heraus. Er stellte ein Programm von Übungen zusammen, mit dessen Hilfe er systematisch einzelne Muskelgruppen stark beanspruchte, während andere im Ruhestand verharrten. Seinen speziellen Übungen widmete er täglich 15 Minuten. Dadurch nahm seine Kraft bis zu seinem 25. Lebensjahr stetig zu, und er konnte schon einige bescheidene Erfolge als Amateurathlet und Ringer verbuchen.

1889 erfuhr er durch Mr. Aubrey Hunt, daß Samson im Londoner Royal Aquarium 100 Pfund demjenigen anbot, der die Leistungen seines Schülers Cyclops erreichen könne, und sogar 1000 Pfund dem, der seine eigenen Leistungen überbieten könne. Mr. Hunt riet Sandow, diese Herausforderung anzunehmen und mit ihm umgehend nach London zu reisen. Kurz entschlossen brachen beide am selben Tag nach London auf.

Dort angekommen, suchte Sandow seinen Freund Albert Attila auf, um ihn zu bitten, sein Dolmetscher zu sein, denn er beherrschte zu dieser Zeit die englische Sprache noch nicht. Professor Attila sicherte ihm nicht nur seine Dienste zu, sondern ermutigte ihn auch zu dem Wettbewerb. Noch am Abend des Ankunftstages in London übergab Hunt die Herausforderung Sandows.

Die Leistungen Cyclops konnte Sandow mühelos kopieren, und Samson erbot sich, die 100 Pfund auszuhändigen. Nun ließ Sandow von seinem Dolmetscher erklären, daß er wegen der ausgeschriebenen 1000 Pfund nach London gekommen sei. Samson war sichtlich überrascht und gab vor, nicht entsprechend vorbereitet zu sein, um sich an diesem Abend mit Sandow zu messen. Obwohl das Publikum

51

Eugen Sandow, der Liebling der Londoner

den Aufschub mißbilligte, verlegte Kapitän Molesworth den Wettbewerb auf den darauffolgenden Sonnabend, den 2. November 1889.
An jenem ereignisreichen Novemberabend wurde das Royal Aquarium so dicht umlagert, daß es Sandow und seinen Begleitern buchstäb-
lich unmöglich war, durch die Menge hindurchzukommen. Da halfen selbst die Erklärungen Attilas nichts, und die offizielle Zeit des

Beginns verstrich. Samson lief auf der Bühne auf und ab und erklärte, daß er nur noch zehn Minuten warten würde. Diese Frist war schon fast verstrichen, ohne daß er seinen Rivalen entdecken konnte. Doch Sandow kämpfte sich entschlossen durch die Menschenmenge, brach die verschlossene Bühnentür auf und kam wenige Augenblicke, bevor die letzte Frist Samsons abgelaufen war, auf der Bühne an.

Zu Kampfrichtern wurden der Marquis von Queensberry und Lord de Clifford ernannt, und sie prüften sorgfältig alle Ketten, Kugelstangen, Gewichte und Hanteln, die bei der Vorführung gebraucht wurden.

Zunächst nahm Samson eine lange Eisenstange und bog sie über seine Waden, seine Arme und seinen Hals, als ob sie nur ein Schüreisen wäre. Diese Sache war nach Sandows Meinung nur wenig mehr als ein bloßer Trick, natürlich ist Muskelkraft zu seiner Ausführung notwendig. Hat man keine ausgebildeten Muskeln, kann man den Knochen treffen und ihn eventuell brechen. Diese Leistung war daher für Sandow nicht schwer nachzumachen, obwohl schon viel dazu gehört, sie elegant vorzuführen.

Dann band Samson ein geflochtenes Tau unter den Armen um seine Brust und sprengte sie. Bei dieser Leistung muß man die Lungen ausdehnen und zur gleichen Zeit die Muskeln der Brust zusammenziehen. Sandow löste auch diese zweite Aufgabe.

Als dritte Aufgabe sprengten beide Athleten eine Kette, welche den Arm umspannte.

Danach wurde eine 280 englische Pfund (1 engl. Pfund = 453,6 g) wiegende Hantel auf die Bühne gebracht. Sandow nahm sie mit einer Hand auf, legte sich damit nieder und stand wieder mit ihr auf. Danach befestigte er einige Ketten um seinen Arm, nahm eine Hantel von 220 englischen Pfund, brachte sie bis zur Brust und sprengte die Ketten, bevor er die Hantel wieder niederließ.

Nach dieser Vorführung erklärten die Richter Sandow zum Sieger. Die 1000 Pfund sollten am nächsten Tag ausgezahlt werden. Doch Sandow erhielt von der Direktion des Royal Aquarium nur 350 Pfund.

Die Zeitungsreporter bestürmten den neuen Helden von London. Natürlich wurden Sandow auch zahlreiche Auftrittsangebote gemacht. Er wählte eines aus, das ihm 150 Pfund die Woche sicherte und von Mitgliedern des lyrischen Klubs gemacht worden war. Bei seinem Engagement im Alhambra stand ihm Attila treu zur Seite. Sandow unterzeichnete Abschlüsse für einige Jahre im voraus.

Nach einem sechsmonatigen Aufenthalt in England begab sich Sandow wieder nach Deutschland. In Aachen traf er den Riesen und Steineträger Goliath (Karl Westphal). Er wollte mit dem 362 Pfund schweren, aber keineswegs fetten, sondern muskulösen Goliath eine gemeinsame Darbietung einstudieren. Sandow bot ihm täglich 20 Mark für seine Mitarbeit an. Nach über sieben Wochen Training trennte sich Sandow wieder von Goliath, da es augenscheinlich wurde, daß dieser nicht zum Kraftakrobaten taugte. Goliath soll sich später als Kolossalmensch zur Schau gestellt haben. Wieder nach London zurückgekehrt, brachte Sandow im Tivoli eine neue Nummer heraus, in der er mit einem Arm ein Pferd über den Kopf hob und nach den Klängen der Musik damit über die Bühne marschierte. Dieser Darbietung folgte eine Vorführung mit »lebenden Hanteln«. Er benutzte eine lange Stange, an der beiderseits große hohle Kugeln angebracht waren. Bereits hinter der Bühne setzte sich in jede Kugel ein Mann. Sandow hob auf der Bühne die Stange langsam bis über den Kopf. Nach dem Niedersetzen öffneten sich die Kugeln, und die Männer kletterten heraus.

Während dieser Zeit konnte in London jede Bühne mit wenigstens einem »starken Mann« aufwarten. Sandow mußte sich neue Darbietungen einfallen lassen, um in dieser Konkurrenz bestehen zu können. Er hob ein großes Piano mitsamt einem Orchester von acht Männern und trug es auf der Brust. Seine Leistung, mit einem Gewicht von 56 Pfund in jeder Hand einen Salto zu drehen, stellte eine von anderen Kraftakrobaten nicht erreichte Spitzenleistung dar.

Im Londoner Palace-Theatre hielt Sandow statt des Orchesters drei Pferde auf seiner Brust. Die Tiere standen auf einem Brett, auf jeder Seite eins und das dritte in der Mitte, wobei sie hin- und herwippten. Am Ende dieser Darbietung stellte sich ein Mitglied der Horse-Guardsmen mit seinem Pferd auf den Kraftakrobaten.

Durch seinen Wettstreit mit dem schottischen Riesen Louis M. Cann-Herkules am 10. Dezember 1890 in der Royal Music-Hall, Holborn, wurde Sandow zu einem der populärsten Athleten Englands.

1893 ging Sandow in Begleitung Professor Attilas nach Amerika. Dort gründete er neben seiner Tätigkeit als Kraftakrobat eine Schule zur Körperausbildung, in der hauptsächlich das 5-Pfund-Hantelsystem zur Geltung kam. Wenig später brachte er eine Weiterentwicklung – die Federdruckhantel – in Umlauf, wodurch sein Name in aller Welt bekannt wurde.

In San Francisco kämpfte Eugen Sandow in einem Zentralkäfig gegen einen Löwen. Dabei waren dem Löwen Boxhandschuhe und ein Maulkorb angelegt worden. Mehrere Leute hatten einige Stunden vor der Vorstellung damit zu tun, dem König der Tiere diese Utensilien umzubinden. Sandow ging mit einigen kleinen Schrammen als Sieger aus diesem vor 20 000 Zuschauern ausgetragenen Kampf hervor.

Nach seiner ersten Amerikareise kehrte Sandow nach England zurück, nahm neue Talente in seine Gesellschaft auf und versuchte einige neue kraftakrobatische Tricks.

Römisches Reiterexercitium nannte Sandow beispielsweise eine dieser Leistungen, in welcher zwei Leute mit Pferd und Wagen über ihn hinwegfuhren. Obwohl er später wiederholt nach Amerika reiste und auch Engagements in Australien und Neuseeland erfüllte, zog es ihn immer wieder nach London zurück. In London und Manchester gründete Sandow auch seine berühmten Körperausbildungs-Institute. Nach dem Sandowschen System dieser Institute wurden in vielen Ländern aller Kontinente Schulen eröffnet. Seine Initiativen waren bahnbrechend für den Aufschwung der modernen Körperausbildung.

Sandow verstarb 1925 als erst Achtundfünfzigjähriger an den Folgen eines Autounfalls in London. Sein Leben bewies, daß es durch systematisches Training möglich ist, Körperschwäche zu überwinden und Kraft zu erringen.

6

Riesen und Kolossalmenschen

Abnormitäten, also Menschen oder Tiere mit angeborenen oder durch Krankheit erworbenen körperlichen Mißbildungen gab es schon immer, die Neugierde der Mitmenschen machte sie zu professionellen oder unfreiwilligen Schauobjekten. Berichte über Schaustellungen von Abnormitäten reichen bis ins 17. Jahrhundert zurück, und an der Art ihres Auftretens änderte sich bis ins 19. Jahrhundert kaum etwas. In Jahrmarktsbuden, den Side-Shows der Zirkusse oder den amerikanischen »Dime«-Museen – das berühmteste war das von P. T. Barnum 1892 in New York eröffnete –, waren sie gegen entsprechendes Entgelt zu besichtigen. Viele der Zwerge, Riesen, Haarmenschen, Doppelmenschen (sog. siamesische Zwillinge), Bartfrauen, Albinos, Haut- und Knochenmenschen, Rumpfmenschen, Arm- oder Beinlosen, Vogelköpfe oder Kolossalmenschen wurden dadurch zu besonderen Anziehungspunkten, daß sie sich artistisch produzierten. Es gab Liliputanerrevuen und Zwergenzirkusse (die Zwergclowns sind auch in den Zirkussen der Gegenwart beliebte Artisten), der armlose Artist C. H. Unthan wurde als Geigenspieler, Kunstschütze und mit anderen erstaunlichen Fertigkeiten weltbekannt.

Während die reine Schaustellung bedauernswerter Mißbildungen, die nur die Sensationslust der Zuschauer befriedigt, als inhuman abzulehnen ist, gibt es für viele Abnormitäten durchaus die Möglichkeit, gerade durch ihren außergewöhnlichen Körperbau artistische Leistungen zu vollbringen, die sie zu einer wahren Attraktion werden lassen.

Insbesondere die Riesen, also Menschen mit ungewöhnlicher Körpergröße, und die unnormal umfangreichen Kolossalmenschen sind zu Krafttricks prädestiniert. Aus der Unzahl von Abnormitäten seien einige Beispiele herausgegriffen, wo solche Menschen auch durch besondere Kraftleistungen bekannt wurden.

Am berühmtesten war unter ihnen wohl Emil Naucke, 1855 auf der Ostseeinsel Poel geboren. Er zählte zu den ersten Berufsringern seiner Zeit und konnte als Kraftakrobat, Radartist und Parodist Erfolge erzielen. Auch sein Großvater, ein Schmied, hatte 518 Pfund gewogen. Naucke erlernte den Beruf eines Bäckers, wechselte jedoch bald zum Schaugeschäft über. Sein Körpergewicht nahm ständig zu. Im Alter von achtunddreißig Jahren mußte er das Ringen bereits ganz aufgeben. Er wog damals 470 Pfund bei einer Körpergröße von 1,70 m! Seinen Leibesumfang von 1,90 m konnte kein Gegner umfassen.

Es ist erstaunlich, daß Emil Naucke trotz seines großen Gewichtes kraftakrobatische Tricks mit Leichtigkeit und Eleganz vorführen konnte. Ein optisch sehr wirkungsvoller Trick war sein Stemmen eines Eisenteils von 106 kg. Während die Gesamtbelastung des Körpers bis auf 700 kg gesteigert wurde, wirkten seine Bewegungen keinesfalls plump. Naucke spielte oft mit einer 37,5 kg schweren Eisenkugel, die er an einer Kette um seinen Körper herum schwenkte und zwischendurch plötzlich mit einem Klatschen auf seinem Genick landen ließ. Nach seinen Berichten hat er diese Übung mitunter einige dutzendmal »zur Erholung« wiederholt. Er spielte auch in Sketchen, die eigens für ihn geschrieben wurden, komische Rollen, so eine Tänzerin in »Pauline vom Ballett«. Emil Naucke trat gemeinsam mit Wilhelm Löther als ungleiches Bruderpaar in einer Glanznummer auf, die besonders in Amerika großes Aufsehen erregte. Löther kam aus Weißenfels und wog 472 Pfund. Trotz seines Gewichtes wirkte er weder plump noch häßlich. Diese Tatsache bewog einen Schausteller, den gelernten Steinmetz für die Artistenlaufbahn zu gewinnen. Schon mit achtzehn Jahren wog er 385 Pfund. Löther war an den größten Varietébühnen Deutschlands engagiert.

Ein zweimonatiges Engagement in Petersburg im Jahre 1894 konnte er nicht mehr wahrnehmen. Wilhelm Löther soll ein äußerst gutmütiger kameradschaftlicher Mensch gewesen sein, der den Humor liebte, schlagfertig und ein guter Gesellschafter war. Die Vertilgung großer Portionen bei den Mahlzeiten, die man Löther andichtete, ist ein Märchen. Seine Lebensweise war eher sehr mäßig, er trank höchstens ein bis zwei Glas Bier, meistens jedoch Selterswasser, und er aß wie jeder normale Mann seines Alters. Löther war sehr vielseitig und sang auch mit einem normalwüchsigen Kollegen im

Der Kolossalmensch und Kraftakrobat Emil Naucke

Münchner »Bamberger Hof« Couplets. Mit neunundzwanzig Jahren starb der an Herzverfettung leidende junge Mann 1894 den Erstickungstod.

Auf dem Friedhof in Lengau bei Straßwalchen in Österreich trägt ein schmiedeeisernes Grabkreuz die Aufschrift »Franz Winkelmeier, geboren am 27. April 1860, gestorben am 24. August 1887 – gewesener Riese«. Der Junge wuchs ganz normal, bis er in seinem vierzehnten Lebensjahr schwer erkrankte. Von der Krankheit erholte er sich zwar wieder, doch leisteten seine Wachstumsdrüsen von diesem Zeitpunkt an mehr als nötig. Es gab viele Probleme mit der Beschaffung passender Kleidung. Sein Bett mußte oft verlängert werden. Erst bei 2,58 m Größe kam sein Wachstum zum Stillstand. Während der Musterung für das Militär hatte man kein genügend großes Meßgerät. Er mußte schließlich dienstuntauglich geschrieben werden, weil es an einer passenden Uniform und an einem ausreichend langen Bett fehlte. Kurz danach traf er auf einen geschäftstüchtigen Schneider aus Friedburg, der ihn dazu überredete, mit ihm als ein »neues Weltwunder« oder als »der größte Mann der Welt« durch Europa zu ziehen. Der abenteuerlustige ehemalige Schneider brachte den Riesen Winkelmeier dazu, auch Tricks und Kraftakte einzuüben und sie in einem kleinen Programm darzubieten. Der Riesenfranz reiste durch Österreich, Tirol, Oberitalien und Ungarn und wurde auf Jahrmärkten und in Zirkussen gezeigt. In Berlin präsentierte man ihn drei Monate lang in einem Vergnügungstheater den staunenden Zuschauern als den »größten Mann der Welt«. Franz Winkelmeier war keinesfalls stolz auf seine Größe. Abgesehen von Unannehmlichkeiten im täglichen Leben bezüglich der Kleidung, der Türen, der Transportmittel und anderer Dinge, litt er darunter, als Abnormität wie ein Gegenstand herumgereicht zu werden. Aber die Schaustellerei war zu seinem Lebenserwerb geworden. Winkelmeier gastierte nun schon als europäische Berühmtheit auch in den »Folies Bergère« in Paris. 1886 fuhr er nach London. Ihm wurde sogar die »große Ehre« zuteil, während der Feierlichkeiten zum fünfzigjährigen Thronjubiläum der Königin Viktoria von England 1887 den fürstlichen Gästen als besonderer »Augenschmaus« dargebracht zu werden. Aber schon damals fühlte er sich krank. Viele Angebote, so verlockend sie auch waren, schlug er ab. Er begab sich in seinen Heimatort zurück, und kurze Zeit danach brachte ihn sein krankhafter Riesenwuchs mit nur siebenundzwanzig Jahren ins Grab.

Da Abnormitätenschauen heute aus begreiflichen Gründen verschwunden sind, entsteht der Eindruck, es gebe Riesen, Kolossalmenschen und andere ungewöhnliche Körperbildungen nicht mehr. Doch das täuscht: Der größte derzeit lebende Mensch ist der Chicagoer Kaufmann Don Koehler mit genau 2,489 m. Aber auch die Schaustellung solcher abnormen Menschen gibt es durchaus noch: Die schwersten Zwillinge der Welt, Benny und Billy McCreary (eigentlich Doug und Billy McGuire) aus North Carolina, die zusammen 12 Zentner wiegen, verdienen ihren Lebensunterhalt als Catcher im »Kampf der Kolosse«. Als »Die Bullen von Hendersonville« ließen ihre Manager sie auf Mini-Motorrädern dreißig Tage lang eine Werbetour quer durch die USA fahren.

7

Spezialisten der Fingerkraft

Franz Föttinger war in den neunziger Jahren des vergangenen Jahrhunderts der »Stärkste Mann Wiens mit seinen Spezialleistungen«. Er trainierte hart, um die Kraft seiner Finger auf das höchste zu steigern, und brachte es allmählich zu Leistungen, die, so einfach sie aussahen, als unübertroffen gelten konnten.

Als er 1896 sein neunundfünfzigstes Lebensjahr erreicht hatte, hob er noch mit den bloßen Fingerspitzen eine polierte Nähnadel, an der ein Gesamtgewicht von 26 Pfund hing. Die Nadel war in einen Holzklotz geschlagen, an den Gewichte gehängt wurden.

Föttinger setzte 100 Gulden als Preis für denjenigen aus, der seine Leistungen wiederholen könnte. Es gelang aber niemandem, diese Prämie zu kassieren.

Ein weiterer Spezialist der Alte-Herren-Klasse war der 1825 bei Dachau geborene Landkrämer Josef Siegl aus Schwabhausen, der als achtundsechzigjähriger Kriegsveteran im Jahre 1893 in der Münchner Redaktion der »Internationalen Illustrierten Athletenzeitung« seine ausgefallene Kraftproduktion erstmals vorführte. Er benutzte eine 1,33 m lange Stange und befestigte daran am äußersten Ende an einem Haken ein gewöhnliches Krämergewicht von 4 Pfund. Das Gewicht an der Stange wurde zunächst auf einem Tisch abgesetzt. Vom anderen Ende der Stange aus hob er das Gewicht mit der linken Hand und gestrecktem Arm langsam, ohne den geringsten Ruck und ohne mit dem Körper von der Stelle zu weichen, vom Tisch weg in die Höhe. Der Daumen war gestreckt an der Stange angelegt und durfte während der Übung nicht verrutschen. Danach hängte er noch ein Gewicht an und hob somit 5 Pfund. Schließlich ließ er 4 Pfund an der Stange mit gestrecktem Arm von der Höhe langsam auf den Kopf eines Mannes herunter und hob die Last dann wieder an.

Franz Föttinger

So unscheinbar diese Produktionen aussahen, so schwer waren sie auszuführen.

Josef Siegl fand erst acht Jahre später einen Konkurrenten in dem Münchner Kraftspezialisten und Theoretiker des Kraftsports Hermann Weil. Weil selbst schrieb 1909 in der »Illustrierten Sportzeitung München« über Josef Siegl unter anderem:

»Es ist zu verwundern, daß dieser Mann, trotz der zahlreichen Strapazen und Entbehrungen während seines langen Militärdienstes und der vielen Feldzüge, imstande war, noch im letzten Jahre seines Lebens (1908 starb er im Alter von dreiundachtzig Jahren) seine gewohnten Leistungen zu machen. Siegl war in seinem Leben nie krank. Er war von mittlerer Größe und machte außer seiner beschriebenen Spezialleistung keinerlei andere Kraftübungen ...«

Philipp Brumbach, der Vater der berühmten Kraftakrobatin Sandwina, hob um 1883 im Allgäuer Füssen auf dem Marktplatz mit dem Mittelfinger einen Stein von 583 Pfund an einem Ring in die Höhe. Er war auch jederzeit bereit, mit dem kleinen Finger 4, dem Ringfinger 5 und mit dem Mittelfinger 6 Zentner zu heben. Brumbach verdiente sich noch 1927 im vierundsiebzigsten Lebensjahr sein Brot als Athlet im eigenen Wanderzirkus. Selbst seine Frau dachte mit fünfzig Jahren nicht daran, als »Kraftdame« aufzugeben, und setzte ihre Prämien auf ihren »Pferdezug« aus.

Josef Siegl

Heute noch versuchen sich jedes Jahr zur »Starkbierzeit« die stärksten Männer aus ganz Bayern daran, in einem Münchner Bierkeller den 508-Pfund-Stein des Steyrer Hans zu heben. Doch noch keiner schaffte es bisher.

Wer war nun der besagte Steyrer Hans, der als ein Pionier des Berufssports, als sympathischer Wirt, aber vor allem als Kraftmensch, der bayrische Herkules, noch immer in Liedern besungen und in Versen verehrt wird?

Am Stadtrand von München, in Obermenzing, erinnert heute noch die Steyrerstraße daran, daß dort ein Wirtsgeschlecht namens Steyrer seßhaft war. Hans wurde 1849 als Sohn der Metzger- und Wirtsleute Steyrer geboren. Er gab schon als Kind Proben seiner überdurchschnittlichen Kraft ab, und es fand sich unter den Buben bald keiner mehr, der ihn beim Rangeln und Ringen hätte besiegen können. 1863 zog die Familie Steyrer nach München und übernahm dort die Gastwirtschaft »Wilhelm Tell«.

Die bayrische »Heldenlegende« dichtet Hans schon für seine Lehrzeit beim Metzgermeister Abenthum enorme Kraft an. Danach soll er mit fünfzehn Jahren die stärksten Stiere gebändigt haben. Die schwere Arbeit und das gute Essen in der Metzgerei ließen ihn zum Schwerathleten werden. Zunächst spielte er nur übermütig mit seiner Kraft. Erst als Geselle lernte er im Isartal alle Finessen des Rangelns und Fingerhakelns näher kennen. Dort erprobte er auch das Steineheben, das später zu seiner Spezialdisziplin wurde. Er hatte in seinem Mittelfinger mehr Kraft als die meisten Schwerathleten seiner Zeit in beiden Armen.

In seiner Militärzeit, die bis in den Krieg 1870/71 hinein reichte, wurde aus dem Jüngling ein durchtrainierter Mann. Durch das Stemmen von Rädern und ausrangierten Kanonenrohren sowie die vielen Vergleiche und Wettstreite mit anderen Soldaten wurde sein Selbstvertrauen gestärkt. Er begriff sehr schnell, daß er mit seinen Kraftakten mehr Geld verdienen konnte als mit der Metzgerei.

Da es zu seiner Zeit in Deutschland nur wenige Kraftsportvereine gab, versuchte es der Steyrer Hans beim Zirkus. Bei seinem ersten öffentlichen Auftritt in der Münchner Wartendhalle lag sein Heberekord bei 375 Pfund. Dieses Gewicht (als Stein) hob er mit einem Mittelfinger am blanken Eisenring. In kurzer Zeit stellte er sich ein

Steyrer blieb mit seinem schweren Stein unerreicht

regelrechtes Show-Kraftprogramm zusammen. Zu seinen Darbietungen gehörten unter anderen das Verbiegen von Hufeisen, das Jonglieren mit Kanonenrohren und das Stemmen von Bierfässern. Für das Heben des 375 Pfund schweren Steines setzte er in Breslau, Leipzig, Berlin, Hamburg und anderen Städten eine Prämie von 1000 Mark aus. Obwohl namhafte andere Kraftakrobaten auftauchten, so in Wien Jagendorfer, Stöhr, Ziegler und Rohrer, in Berlin Grün und Ernest und in Hamburg Karl Abs, die sich alle an diesem Stein versuchten, konnte dem »Bayrischen Herkules« niemand diese Prämie abgewinnen. Bis 1879 erhöhte er das Gewicht seines Hebesteins auf 528 Pfund. Seinen Heberekord erzielte er 1879 im Zirkus Herzog. Da der Steinbrocken sehr unhandlich war, mußte ein eiserner Ring daran befestigt werden, durch den ein Eisenhaken gezogen wurde. Hans Steyrer stellte sich dann auf ein kleines Podest und hob mit dem Mittelfinger der rechten Hand den Stein hoch. Den Eisenhaken umwickelte er mit Leder. Während dieses Hebeaktes stemmte er mit der linken Hand gleichzeitig eine 50 kg schwere Eisenkugel.

Nach seinem 528-Pfund-Rekord erhielt er auch zahlreiche Angebote aus dem Ausland. So trat er als »bayrischer Herkules« in Holland, Frankreich und Belgien auf. Das Angebot zu einer Tournee durch Amerika soll Hans Steyrer aus Furcht vor der Seekrankheit abgeschlagen haben.

Steyrers gefürchtetster Rivale war Philipp Brumbach, der es geschafft hatte, einen Stein von 583 Pfund zu heben. Mit einer ansehnlichen Gage in der Tasche kehrte Hans Steyrer nach München zurück und nahm sich bald darauf eine Metzgermeisterstochter zur Frau. Sein Geld und die Mitgift seiner Frau reichten aus, um am Stadtrand von München eine Gastwirtschaft zu pachten. Das Lokal wurde in »Gasthaus Steyrer Hans« umbenannt und zählte nach kurzer Zeit zu Münchens Attraktionen. Speisen und Getränke waren auf den Wirt zugeschnitten. So gab es zum Beispiel »Kraftbier« und »Kraftportionen« Schweinefleisch. Neben den preiswerten Speisen und Getränken bot der Steyrer Hans aber auch viel zur Unterhaltung seiner Gäste. Schon der Wirt selbst war eine Sehenswürdigkeit. Er war von großer und massiger Gestalt, trug mit seinen zwei Zentnern ein oberbayrisches Wirtskostüm der Biedermeierzeit und hatte einen fast vierzig Zentimeter langen und beiderseits über das Gesicht gezwirbelten Schnurrbart. Über seinen Bauch spannte sich eine pfundschwere Uhrkette. Sein schmiedeeiserner Spazierstock, der heute im Valentin-Museum zu sehen ist, wog mehr als 20 Pfund. Fremden Gästen bot er zur Begrüßung die etwa 43 Pfund schwere marmorne Schnupftabakdose zur »Stärkung« an. Seine Gäste und er lachten dann sehr, wenn der Neuling Mühe hatte, das Schächtelchen (in der Größe 30 × 20 × 15 cm) in der Hand zu behalten. Außerdem hatte

Der starke Wirt Hans Steyrer

Hans Steyrer einen Raum neben der Wirtsstube als Privatmuseum eingerichtet. Dort konnten seine Gäste Siegerpreise, Zeitungsausschnitte, Fotos und Athletenzubehör bewundern. Auch seinen Übungsraum im Keller mit Hebesteinen und verschiedenen Trainingsgeräten konnten seine Gäste besichtigen. Welche enorme Fingerkraft Hans Steyrer gehabt hat, davon konnten sich viele inzwischen berühmt gewordene Kraftakrobaten und Kraftsportler wie Türk, Eberle, Hitzler, Koch, Lurich, Beck, Hackenschmidt bei einem Besuch anhand seiner Hebe- und Stemmrequisiten überzeugen.

Neben Brumbach machte ihm ein weiterer den Ruhm im Steineheben streitig. Michael Schart, genannt »Schmied Michel«, hob im Januar 1893 in London 550 Pfund ebenfalls am blanken Eisenring empor. Doch der Steyrer Hans war sehr erfolgreich. Als sein Sohn Hans alt genug war, ließ er in Zeitungen verkünden, daß an allen Sonn- und Feiertagen den Gästen das »marschierende Reck« der beiden »bayrischen Herkulesse Steyrer Hans sen. und jun.« gezeigt werde. Bei dieser Darbietung hielt der Vater mit waagerecht ausgestrecktem Arm eine 80 Pfund schwere Hantel, während sein Sohn an diesem Reck Turnübungen zeigte. Damit auch alle Gäste aus der Nähe zuschauen konnten, marschierte der Vater während der Vorführung mit dem Reck durch das Lokal.

Auch auf dem Münchner Oktoberfest trat Hans Steyrer als Wirt auf. In seiner »Wirtsbude Nr. 8« konnte man Kraftbier, Kraftsuppe, Kraftfleisch und anderes erwerben. Selbst die Musiker warben für ihn. Sie trugen Papphüte in Form von Stemmgewichten auf dem Kopf. Auf deren Rückseiten stand »Hans Steyrer« und auf den Vorderseiten »250 Pfund«. Während der Musikpausen verließ der Oktoberwiesn-Wirt den Bierhahn und zeigte auf dem Podium Kraftstücke. Gleichzeitig rief er die Männer im Publikum auf, es ihm gleichzutun. Er setzte sogar Prämien aus.

In einem Inserat der »Internationalen Illustrierten Athletenzeitung« von 1893 konnte man unter der Frage »Wo geht man beim Münchner Oktoberfest auf der Festwiese hin?« das folgende Gedicht lesen:

>»Natürlich, sagt jeder und lacht,
>zum Steyrer Hans, Wirtsbude 8.
>Da gibt's die größt' Gaudi und Hetz.
>Und a Kraftbier, dös mag wohl a Jed's.«

Der Steyrer Hans verstand es sehr gut, seine Kräfte auch für den Umsatz zu nutzen. An der Wirtsbude Nr. 8 war immer etwas los, so daß der Wirt schon 1894 während des Oktoberfestes fast 400 Hektoliter Bier ausschenkte und damit Wiesnbierkönig wurde. Jahre später setzte er zur Wiesneröffnung seine kostümierten Kellnerinnen in sieben Zweispänner und zog mit seinen Angehörigen im Vierspänner voraus. So ging es quer durch die Stadt München bis zur Theresienwiese. Doch da er keine polizeiliche Genehmigung für diesen Werbezug hatte, mußte er hundert Goldmark Strafe bezahlen.

Seine Idee wurde jedoch aufgegriffen, und schon im folgenden Jahr beteiligten sich viele andere Wirte am nunmehr polizeilich genehmigten »Einzug der Wiesnwirte«, der auch heute noch anläßlich der Eröffnung des Oktoberfestes üblich ist.

Mit 50 Jahren begann Hans Steyrer die Wassersucht zu quälen.

Trotz seiner Kraft unterlag er der Krankheit. 1906 starb er in München im Alter von siebenundfünfzig Jahren.

Ein spezieller kraftakrobatischer Trick ist das Zerreißen von Spielkarten mit der Hand. Manche Artisten, darunter auch so große Kraftakrobaten wie Lionel Strongfort, lernten es nie – ganz gleich, wie oft es ihnen vorgeführt und beschrieben wurde und wie lange sie es übten.

Ein Meister der Zerreißtechnik war Eugen Sandow.

Als der Kraftakrobat Al Treloar von Grimek nach seiner Zerreißtechnik befragt wurde, sagte er: »Häufig hat man mir vorgeworfen, ich hätte die Zerreißtechnik von Sandow gestohlen. Es stimmt, daß ich ihn aus unmittelbarer Nähe und sehr genau beobachtet habe, um das Geheimnis seiner Greifmethode zu erlernen, aber ich konnte sie einfach nicht nachvollziehen. Erst nach einigen Jahren beherrschte ich seinen Griff, und ich fand, daß er mir sehr gut lag. Seitdem ging keine meiner Vorführungen mehr ohne das Zerreißen von Kartenspielen ab. Das Publikum verlangte es, und dabei bot ich zahlreiche andere Kraftproben. Beispielsweise hob ich mit einer Hand ein Pferd mit einem Reiter, was eine sehr beachtliche Nummer war. Seltsamerweise machte mir das Zerreißen eines Kartenspiels mehr Mühe als das von zwei oder sogar drei Spielen. Wenn ich es nämlich nicht schnell genug vollführte, konnte das Publikum denken, mein Zerreißen von drei Spielen sei nur ein Trick. Der Grund dafür lag aber darin, daß ich Schwierigkeiten beim Drehen meiner Handgelenke hatte. Später entdeckte ich eine Methode, bei der ich die Karten in der Mitte sehr leicht zerreißen konnte, indem ich einen Arm ausgestreckt vor mir hielt und die reißende Hand leicht krümmte. Beim Zerreißen von zwei oder drei Spielen nahm ich immer ein Bein zu Hilfe und konnte so die Karten genauso leicht zerreißen wie das Einzelspiel.«

Al Treloar arbeitete an diesem Trick länger als vier Jahre und beherrschte ihn schließlich so perfekt, daß er das Publikum immer beeindruckte. Er war stets auf Schnelligkeit bedacht, weil die Wirkung sehr stark von der benötigten Zeit abhängt. Er meinte: »Dauert das Ganze länger als dreißig Sekunden, so ist es kaum noch spektakulär. Ich bin wiederholt mit zwanzig Sekunden gestoppt worden, manchmal waren es auch noch weniger, um drei Spiele zu zerreißen. Ich habe persönlich Sandow gestoppt, er benötigte zwischen sechzehn und achtzehn Sekunden für drei Spiele. Bei einigen Gelegenheiten habe ich auch vier Spiele zerrissen, das dauerte aber zu lange, um bei Vorführungen zu wirken. Mein Schüler Noah Young war auch beim Zerreißen von vier Spielen erfolgreich.«

Für das Training benutzte Treloar alle Kartenarten, aber auch zum richtigen Format gefaltete Zeitungen.

Auch der Kraftakrobat Paul von Boeckmann war ein Meister auf diesem Gebiet. Er konnte von einem Kartenspiel mit Leichtigkeit und Schnelligkeit eine Ecke abreißen.

Milo Barus zeigte bis 1963 das Zerreißen von bis zu vier Kartenspielen.

8

Weibliche Herkulesse

Kraftathletinnen sind zwar nicht alltäglich, doch so selten auch wieder nicht. Schon eine der Gattinnen Kaiser Karl IV. (1316–1378), Elisabeth von Pommern, machte von sich reden, als sie mit ihren zart erscheinenden Fingern Hufeisen zerbrach, Schwerter bog, ja – so will es wenigstens die Fama wissen – sogar zwischen den Händen Kieselsteine zermalmte. Die kaiserliche Amateurin unter den Athleten soll ihre Künste gern zum Erstaunen des kunstsinnigen Hofes vorgeführt haben.

Die Löwenjägerin Banu Guschap aus Persien pflegte die Großkatzen mit einem einzigen Säbelhieb zu töten.

Aus München stammt eine Postkarte, die eine außergewöhnlich starke Frau zeigt: 3 Bierfäßchen und 22 gefüllte Humpen trägt sie auf der Brust und mit ausgestreckten Armen in den Händen. Ein weiblicher Herkules, von dem leider kein Name überliefert ist. Wir wissen nur, daß dieses »Münchner Kindl« auch Taler zwischen den kräftigen Fingern zerbrochen haben soll.

Als erste berufsmäßige Athletin Deutschlands gilt Elise Serafin Luftmann, die in der ersten Hälfte des vorigen Jahrhunderts bekannt wurde. Sie arbeitete vor allem mit schweren Gewichten, mit Hanteln und Kanonenkugeln.

Nach ihr erregte ein gewisses Fräulein Darnett Aufsehen, die zum Schluß ihrer Kraftübungen einen sensationellen Trick zeigte: Sie stemmte Hände und Füße auf den Boden wie bei einer Brücke, ließ sich eine Holztafel auflegen, die von den Knien bis zum Hals reichte, darauf stellte man ein Piano. Ein Spieler setzte sich daran und spielte einen Walzer, zu dem die kräftige, aber durchaus nicht füllige Dame noch sang.

Die Französin Madame Elise, die etwa in der zweiten Hälfte des

Elise Serafin Luftmann,
eine Lithographie von 1830

19. Jahrhunderts populär wurde, bog wie ihre männlichen Kollegen Hufeisen, zerriß Ketten, trug über eine ausgetüftelte Konstruktion Gewichte und zwei Männer mit einem Gesamtgewicht von 11 Zentnern und wagte es sogar, von einem Gerüst aus »einen kleinen Elefanten einen Fuß vom Boden« aufzuheben.

Von 1901 stammt ein Foto, das eine erst vierzehnjährige Kraftakrobatin zeigt, die sich das Varieté erobert hatte: ein Fräulein Müller. Etwas später tauchte das »weibliche Kraftwunder Antonet« auf, das insbesondere kraftsportliche Demonstrationen vorführte, die

Muskeln spielen ließ, starke Expander über den Rücken zog und mit dem Brustkorb Ketten sprengte. Besonders letzteres war sehr beliebt.

Miß Athleta, 1868 in Antwerpen geboren, trat als die »stärkste Frau der Welt« auf, jonglierte mit 20 kg schweren Stahlkugeln, marschierte mit einer schweren Eisenstange und vier Männern auf dem Rücken durch die Manege und trug 1894 ein Brett mit zwei Pferden. Im Mai 1895 bewies sie ihr Können im 1. Männer-Stemm-Club in München vor Hans Beck und Hans Steyrer. 1907 kam sie als »Madame Athleta« nach Deutschland zurück und brachte ihre drei Töchter mit. Ihre älteste Tochter war das Ebenbild der Mutter und wurde als die belgische Kraftakrobatin Brada bekannt.

La belle Gina kopierte und übertraf Miß Athleta dadurch, daß sie ein Brett mit neun Männern trug.

Miß Athleta war Ende des 19. Jh. eine bekannte Kraftakrobatin

Als wirkliche Könnerinnen wurden außerdem bekannt: Marie, Barbara und Eugenie Brumbach, Eugenie Wermke, Madame Roszkowska, Marie Loors, Betty Laars, Linda Belling, deren Hebeleistungen in Athletenvereinen kontrolliert wurden, so daß dabei nicht gemogelt werden konnte. Marie Loors hob mit den Zähnen einen Stuhl, auf dem ein schwerer Mann saß, und balancierte auf dem Rücken liegend eine mit 450 kg belastete Bohle.

Sie alle wurden jedoch übertroffen vom 1884 in München geborenen Kätchen Brumbach (auch Kathi), die unter den Artistennamen »Katharina die Große« und »Sandwina« Weltruf erlangte: Die Tochter des herkulischen Philipp Brumbach, Sproß einer uralten Zirkusfamilie, wuchs mit ihren fünfzehn Geschwistern zwischen Kraftakrobaten auf und galt schon mit sechzehn Jahren als »Weltmeisterin in der Schwergewichtsathletik«. Einarmig stemmte sie 75 kg. Eines Tages brannte Kätchen durch und kehrte mit einem Mann und einer neuen Darbietung zurück: »Zwei Sandwinas«, eine Kraft-Hebenummer, bei der sie als Untermann ihren Mann, Max Hemmann, auf Händen balancierte. Als ihr Mann 1914 zum Militär eingezogen wurde, verwandelte sich Kätchen in die Kraftjongleuse »Katharina die Große«. Ab 1919 nannte sie sich »Sandwina«. Sie jonglierte mit 15 bis 25 kg schweren Stahlkugeln und fing sie mit dem Nacken aus 5 bis 6 m Höhe auf; sie zerriß spielend Ketten von 4 mm Dicke und trug bis zu vier Männer auf einmal. Auf einem Nagelbrett liegend, ließ sie sich einen Originalamboß auf die Brust stellen, auf den zwei oder drei Männer mit Hämmern einschlugen. Man legte auch eine Brücke über ihre Brust, die Menschen, Pferde und ein Auto passierten ... Den Schlußtrick bildete das bekannte Karussell, das Sandwina liegend auf der Brust trug und auf dem sich sechs Personen drehten.

Während eines Aufenthaltes in Berlin wurde Katharina in einen Prozeß verwickelt. Schuld daran war ihre immense Kraft. Als sie in einer schönen Maiennacht in der Friedrichstraße spazierenging, wurde sie von einem jungen Mann belästigt. Die holde Katharina versetzte ihm eine solche Ohrfeige, daß er über den Fußweg bis in die Schaufenster eines nahegelegenen Cafés flog. Der Wirt wollte die zertrümmerte Fensterscheibe und einige Dekorationstorten ersetzt haben. Der junge Mann hatte eine verletzte Wange, eine zerschnittene Hose und eine mit Creme beschmierte Jacke. Der Café-Wirt

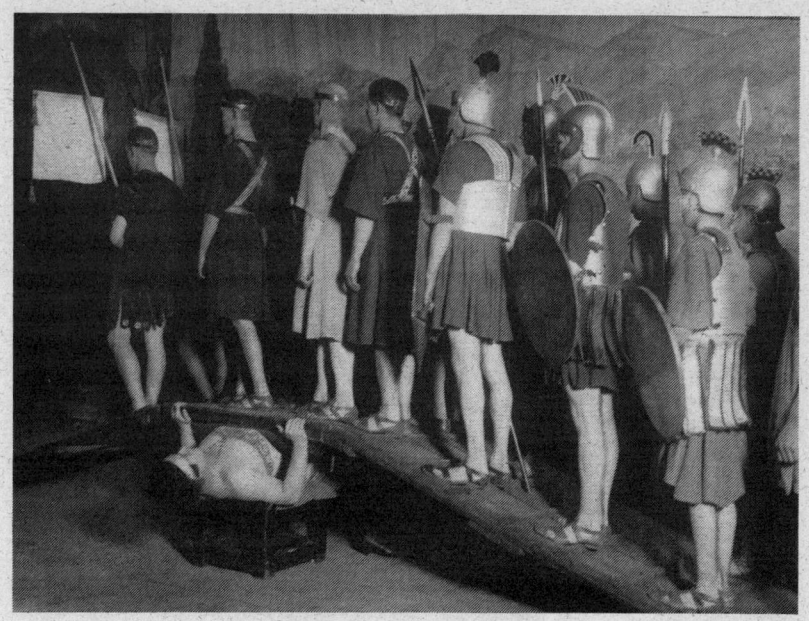

Sandwina um 1924

und der junge Mann verklagten die schlagkräftige Artistin, für die der
Prozeß eine gute Reklame darstellte.

Sandwina und Siegmund Breitbart waren einmal zur gleichen Zeit
in Köln engagiert. Als an einem Sonntagvormittag Siegmund Breitbart eine Gratis-Vorstellung gab, zeigte er auch seinen Kettentrick.
Da erkannte er unter den Zuschauern Sandwina. »Vier Millimeter,
das ist Weltrekord! Hier, Kätchen, damit können Sie trainieren!« Mit
diesen Worten warf er ihr eine Kette zu. Sandwina zog die Hand-
schuhe und Ringe von den Händen, zerriß die Kette scheinbar mühelos und warf Siegmund Breitbart die Kettenteile zurück: »Da, Breitbart, mein Training ist beendet!« Es war beiden Kraftakrobaten
unangenehm, in einer Stadt zur gleichen Zeit auftreten zu müssen.
Schließlich war auch die Kraftakrobatik ein Geschäft, ein Gelder-
werb wie alle anderen artistischen Berufe. Beide verhielten sich aber
fortan kollegial zueinander.

Sandwina bog in verblüffender Schnelligkeit, wie Siegmund Breitbart, aus 7,5 mm dicken Rundeisenstangen formschöne Gitterornamente.

Als »klassische Kraftakrobatin«, eine Art weibliches Pendant zum Starathleten Breitbart (und übrigens in gleicher Gladiatoren-Aufmachung arbeitend wie er) bereiste Sandwina die ganze Welt, verdiente ein Vermögen und war im Privatleben eine Dame von Welt mit eigener Dienerschaft.

In den zwanziger Jahren vollzog sich ein Wandel in der Darstellungsform der Kraftakrobatik; bloße Trickdemonstrationen (»Kraft- und Belastungsproben«) traten zugunsten artistisch ausgearbeiteter Darbietungen in den Hintergrund. Die »Modernisierung der Athletik« zeigte sich unter anderem in der Hinwendung zu »lebenden Gewichten«, das heißt akrobatischen Partnernummern.
Ria Roepel stellte beispielsweise im Juni 1921 im Hamburger Zirkus Busch einen »modernen Kraftakt« (allerdings nicht als Partnernummer) vor und ging anschließend auf eine sehr erfolgreiche Hollandtournee.

Ria Roepel mit ihrem »modernen Kraftakt«

Charlotte und Marlies Rickert

Als Kind einer bekannten Artistenfamilie hatte die um 1900 in Breslau geborene Edda Rudolph-Buschold mit zwölf Jahren in der Darbietung ihrer Eltern mitgewirkt. Es wurden schwierige Krafttricks ausgeführt, bei denen sie sich bereits als Untermann bewährte. Sogar zwei Partner schleuderte sie mittels eines Gestelles hoch. Um 1921 machte sie sich mit einer Zahnkraft-Nummer unter dem Namen Else Rohden selbständig. Schließlich wurde diese Darbietung von ihr als »Hera Artemis« im Gladiatorenkostüm gezeigt. Nach 1945 arbeitete sie unter dem Namen Edda Record, mußte aber 1950 infolge einer Krankheit ihren Beruf aufgeben. Sie zeigte Expanderarbeit bis 100 kg Spannkraft und Schleudertricks mit Kugelgewichten bis 60 kg, wobei sie die Gewichte und Gegenstände (Tische u. ä.) mitunter auch mit ihren Zähnen hielt.

Auch die berühmte Charlotte Rickert stellte – allerdings einige Jahre später – ihre Arbeit zu einer Dreiergruppe (Charlotte Rickert, Marlies Rickert und Assistentin) um, die als »größte weibliche Kraftsportsensation der Zeit« (1939) firmierte. Charlotte Rickert hatte Sandwinas Nachfolge als »stärkste Frau der Welt« angetreten. Von ihrem Vater, einem Gewichtheber von Rang, war sie von Kind an systematisch trainiert worden – vor allem mit Expandern. Sechzehnjährig schaffte sie bereits einen Expander mit 300 kg Spannkraft; was sie später noch zu steigern verstand. Bereits im jugendlichen Alter trat sie im internationalen Varieté auf. Ihr Glanztrick bestand darin, eine 30 kg schwere Straßenbahnbremsfeder aus Stahl mühelos zu entspannen. Im Gegensatz zu vielen ihrer Vorgängerinnen war Charlotte Rickert geradezu ein »zierliches Persönchen«, das sich mit jugendlich-frischem Charme die Sympathien des Publikums eroberte.

Etwa zur gleichen Zeit wurde die Jugoslawin Draga Drasković bekannt, die sich mit dem Flair der großen Abenteurerin umgab. Als Kraftakrobatin bevorzugte sie den traditionellen Stil. Sie hob Gewichte, zerriß Eisenketten und ließ sich von einem Pkw mit Insassen (Gesamtgewicht 2 500 kg) überfahren, wobei sie aber auf dem Bauch lag und nur die beiden rechten Räder des Sportwagens über ihr Gesäß rollten.

In den zwanziger Jahren wurden auch für kurze Zeit Damenringkämpfe und -boxkämpfe modern, aber diese Erscheinung verlor bald den Reiz des Neuen und machte wieder der echten Artistik Platz.

Draga Draskovič mit dem Autotrick

Die beiden blonden, gutgewachsenen Deluca-Sisters, Töchter des Stummfilmdarstellers Ernst Kiwitt, der als Maciste in »Die letzten Tage von Pompeji« und in »Quo vadis« als Athlet mitwirkte, erfuhren schon als Kinder ein hartes Training. Mitte der zwanziger Jahre kamen sie mit einer Kraftakrobatikdarbietung heraus, die sie schnell berühmt machte. Paula fing mit dem Nacken eine 60 kg schwere Granate auf. Als sie 1936 eine besonders schwere Stahlkugel auffangen wollte, zerschmetterte diese der erst Zweiundzwanzigjährigen den Kopf. Elsa Deluca fand schließlich eine neue Partnerin, mit der sie noch mehrere Jahre arbeitete, bis sie kurz vor Ende des zweiten Weltkrieges von der Bühne zurücktrat. Bis zu ihrem Tode 1956 leitete sie dann das elterliche Restaurant in Bad Honnef.

In der jüngsten Vergangenheit machten sich als weibliche Herkulesse vor allem Joan Rhodes und Miß Atlas einen Namen. Von Joan Rhodes ging vor einigen Jahren eine Episode durch die Zeitungen der Welt: »Die Dame, die allabendlich Telefonbücher zerreißt und Stahlstangen verbiegt, findet keinen Mann! Jeder fürchtet die Kräfte

**Miß Atlas ist mit Kraftbalancen auf der Stirn
gegenwärtig einmalig**

dieser starken Vertreterin des schwachen Geschlechts...« Als die Nachricht noch immer kolportiert wurde, war Joan Rhodes längst verheiratet! Man hat Joan Rhodes als die »schönste Kraftakrobatin der Welt« bezeichnet – und das sicher nicht zu Unrecht, denn die schlanke Frau mit der »Mannequinfigur« ist bildhübsch. Nichts erinnert an einen weiblichen Kraftprotz von einst, und doch braucht sich Joan Rhodes mit ihren Leistungen nicht vor ihren Vorgängerinnen zu verstecken.

Miß Atlas (Gerda Rogge) dagegen ist fülliger, sie bringt einiges mehr an Gewicht auf die Waage. Sie firmiert als »stärkste Frau der Welt« und zeigt vorwiegend »Stirn-Kraft-Balancen«. 1935 in Pirna geboren (mit dem beachtlichen Geburtsgewicht von 6031 g), stammt Miß Atlas aus der Artistenfamilie Rogge und trat gemeinsam mit ihren beiden Schwestern in der bekannten Kugellaufnummer »Rogge Sisters« auf. Mit dieser Nummer bereisten die Rogges zahlreiche europäische Länder. Während dieser Arbeit wuchs in ihr der Wunsch, eine Kraftakrobatin zu werden. Als die beiden Schwestern durch Heirat aus der Nummer ausschieden, begann sie Requisiten zu konstruieren, die für ihre neue Darbietung gedacht waren. Obwohl ihr alle abrieten, weil eine derartige Arbeit – Kraftbalancen auf der Stirn – für eine Frau unmöglich sei, ließ sich die Artistin nicht beirren. Ihre Karriere als Kraftakrobatin begann Miß Atlas 1962 beim Zirkus Sarrasani. Danach gastierte sie viele Jahre in den USA, wo sie – als Sensationsnummer herausgestellt – des öfteren auf ihre Konstitution hin untersucht wurde. Miß Atlas balanciert beispielsweise auf der Stirn ein schweres Gestell mit Fahnen, einen Riesenglobus oder einen Stuhl, auf dem ihre Partnerin sitzt (Gesamtgewicht 117 kg); der Stuhl wird dabei auf nur einem Bein balanciert. Sie hebt auch Herren aus dem Publikum auf einem Barhocker auf ihre Stirn, der bisher schwerste Besucher wog 106 kg. In ihre Darbietung hat sie auch wieder Kugellaufen als Eröffnungstrick eingebaut. Mit einem schweren Gestell, das sie auf der Stirn balanciert, übersteigt sie eine hohe Leiter. Miß Atlas und ihre Partnerin Laila hatten bisher in fast allen Erdteilen Engagements, in Zirkussen, Varietés und Shows. Nach ihrer eigenen Aussage fühlt sie sich heute noch genauso stark wie zu Beginn ihrer Laufbahn.

9

John Grün, der »stärkste Mann der Welt« aus Luxemburg

Als John Grün am 27. August 1868 im luxemburgischen Mondorf geboren wurde, lebte man in der sogenannten guten alten Zeit, in der die Postkutschen noch fuhren. Vor allem auf dem Dorf verlief ein Tag wie der andere ohne große Höhepunkte. So war es eine willkommene Abwechslung, wenn der Klempnermeister Grün mit seinem erstaunlich schnell heranwachsenden Sproß auf einem Eselskarren durch die Dörfer fuhr, um seine Kunden zu bedienen. Dieser Sohn John war aber auch erstaunlich. Schon mit acht Jahren war er nicht nur ein geschickter Geselle des Vaters, sondern zudem noch außergewöhnlich kräftig. Er konnte seine Kraft schon als Kind mit manchem Erwachsenen messen.

John war zwanzig Jahre, als er einen Familienstreit entfesselte, weil er in die Welt hinaus wollte, heraus aus dem kleinen Mondorf. Sein Freund, der Pferdehändler Klein, wollte den Sprung über den Ozean wagen. In der kalten Nacht des 7. Februar 1889 betraten Grün und Klein die Planken der »Swyzerland«, und einige Wochen später landeten sie in St. Louis. Dort fand Grün eine Stellung in einer Brauerei, wo er seine Kraft nach Herzenslust an Bierfässern austoben konnte.

Als er eines Tages eine Vorstellung des damals stärksten Mannes von Amerika, Aloyse Marx, besuchte, bewies John Grün, daß er diesen Leistungen ebenfalls gewachsen war. Marx erkannte sofort die erstaunlichen Kräfte, nahm den Luxemburger in seine Truppe auf und bildete ihn weiter aus.

Da die beiden Athleten von der Gestalt her eine gewisse Ähnlichkeit hatten, traten sie als Brüder auf und nannten sich »Marx Brothers«.

Nun erfüllte sich John Grüns Wunsch, die Welt zu sehen, in einer

John Grün trat anfangs als John Marx auf

nie geahnten Weise. Er bereiste Nord- und Südamerika, Australien, Südafrika und fast ganz Europa.

Wegen einiger Streitfragen trennten sich Aloyse und John. John Grün tat sich nun mit Miß Fanny, der damaligen »stärksten Frau der Welt«, zusammen und wurde noch mehr umworben. In den Jahren 1890/91 schlug Grün die Amerika-Meister Samson und Johnson sowie den langjährigen Weltmeister Wohlland aus Schweden. Nach diesen Siegen ließ sich John im Jahre 1892 als »Stärkster Mann der Welt« feiern. Nachdem John Grün fast ganz Europa bereist hatte, betrat er 1892, drei Jahre nach seiner Abreise, zum erstenmal wieder Luxemburger Boden. Im ganzen Land und besonders in Mondorf wurde er umjubelt. Man erinnerte sich noch lebhaft an den abenteuerlustigen Sohn des ehrbaren Klempnermeisters und erzählte sich so manche Anekdote von seinen Kraftleistungen.

Beispielsweise gab es einmal Streit in der Wirtsstube von Mondorf. Aus dem Wortgefecht entwickelte sich in der gut besuchten Wirtschaft eine Schlägerei mit einem ohrenbetäubenden Lärm. Als John vorbeikam, tat er das einzig Richtige: Er öffnete die Wirtshaustür sperrangelweit, und dann griff er wahllos in den Haufen der Schlagenden und warf Mann um Mann durch die Türöffnung auf das Straßenpflaster. Er war so im Eifer, daß er am Schluß noch ins Leere griff und erst daraufhin stutzig wurde und fragte: »Ja, ist denn aber nun gar keiner mehr da?«

Als der Pferdehändler Klein einmal von einem stürzenden schweren Hengst unglücklich begraben wurde, sprang John geistesgegenwärtig hinzu, faßte den um sich tretenden Hengst und warf ihn zur Seite, als ob er ein Sack Kartoffeln wäre. Dann hob er den Pferdehändler auf. Der brauchte einige Zeit, um sich von dem Todesschreck zu erholen, und bedankte sich dann bei seinem Lebensretter. Aus dieser Bekanntschaft entwickelte sich die Freundschaft, die Grün schließlich nach Amerika führte.

Die Manager verlangten von John Grün immer neue Sensationen. So sprengte er mit toller Begeisterung Ketten, brach Hufeisen, stemmte Eisenstangen, hob verschiedene Lasten mit seinen Zähnen, zerriß Kartenspiele und wurde zu einem gefeierten Helden.

Anläßlich der Petersmesse in Trier geriet John Grün 1896 an den »Kraftmesser«, den heute noch bekannten »Lukas«. Der Eigentümer forderte wie jeden Vorübergehenden auch John auf, »einmal auf den Lukas zu hauen«. Auf Grüns Frage, wie fest man zuschlagen dürfe, rief der Schausteller: »So fest Sie können; je fester, desto besser! Wenn Sie so fest zuschlagen, daß der Lukas die obere Schelle berührt, sollen Sie als der Stärkste eine Medaille ins Knopfloch bekommen.« Grün entrichtete seinen Obolus, ergriff den Hammer nur mit einer Hand und schlug so zu, daß der Kasten zerbrach und der Keil tief in den Erdboden drang, der Lukas aber riß die Schelle ab und flog mit ihr gen Himmel. Der Eigentümer, über alle Maßen erschreckt, suchte erfolglos seinen Lukas. Grün erkundigte sich nach dessen Preis, um dem Mann seinen Schaden ersetzen zu können. Doch dieser erklärte, daß er ihn von Berlin habe und hier keinen neuen bekomme. Endlich kam ein Junge über den Messeplatz gelaufen und brachte den vom Himmel gefallenen Lukas wieder.

Seinen letzten großen Auftritt hatte John Grün 1909 in Esch an der Alzette. Kurz darauf, als er in Holland ein Karussell mit fünfzehn Personen in die Höhe gehoben und in Bewegung gesetzt hatte, erlitt er einen Schlaganfall, der ihn seiner Stimme beraubte und das weitere Auftreten als Kraftakrobat unmöglich machte.

1910 übernahm John in der Nähe von London einen kleinen Hotelbetrieb; doch zu jener Zeit war er schon ein gebrochener Mann, und er wurde seinen Verpflichtungen bald nicht mehr gerecht.

Am Jahresbeginn 1912 kehrte er schwerkrank in die Heimat zurück. Zusehends schwanden seine Kräfte, und er siechte dahin, bis er am 3. November 1912 im Alter von vierundvierzig Jahren in Abgeschiedenheit und Armut starb.

John Grüns Freunde charakterisierten ihn als einen freigebigen Menschen von Güte, der das Kostbarste, was er besaß, seine Kraft, von eigennützigen Menschen angetrieben, vergeudet hatte.

Verdrängt, fast so, als ob man es vergessen sollte, steht ein Denkmal heute in einer Ecke der Frantz-Clement-Straße von Bad Mondorf. Auf der schlichten, schon etwas verwitterten Steinsäule ist zu lesen:

>> John Grün, roi de la Force«
>> John Grün, König der Kraft«

Der Sockel des Gedenksteines zeigt in schwarzem Guß den Kraftakrobaten, wie er mit dem rechten Oberarmmuskel eine Kette sprengt.

Der »russische Löwe«
Georg Hackenschmidt

Am 2. August 1877 in Jonrief bei Dorpat, Estland (das später Teil des russischen Reiches wurde), geboren, war Hackenschmidt trotz seines deutschen Namens der Sohn eines schwedischen Färbers. 1896 hob Hackenschmidt zum Scherz das Pferd seines Milchmannes hoch und trug es auf den Schultern umher. Zwei Jahre später schon trat er vor einer sehr aristokratischen Gesellschaft in St. Petersburg auf. Die Arena der Reitbahn des Grafen Ribeaupierre, Stallmeister des Zaren von Rußland, hatte sich an jenem Nachmittag im Jahre 1898 gefüllt. Die vornehme Welt von St. Petersburg war gekommen, um einem Kräftevergleich zwischen zwei Pferden des Grafen und dem jungen Studenten Georg Hackenschmidt beizuwohnen, von dem es hieß, daß er der stärkste Mann seit Herkules sei. Während Georg in jeder Hand ein Paar Zügel hielt, wurden die Pferde in entgegengesetzte Richtung angetrieben. Die Peitschen knallten, die Pferde stemmten sich gegen den Boden, den ihre Hufe aufwühlten. Als die keuchenden Pferde das ungleiche Ringen aufgaben, brachen die aristokratischen Zuschauer in enthusiastischen Jubel aus. Nun hob Hackenschmidt fünf von den Reitknechten gleichzeitig aus und trug sie über seinem Kopf rund um die Arena. Am Abend dieses Tages erhielt Hackenschmidt einen schönen Silberkelch aus der Hand des Zaren.

Im einarmigen Schrauben hielt Hackenschmidt den Amateur-Rekord mit 122 kg. 1898 besiegte er in St. Petersburg den französischen Champion Pons in 45 Minuten und wurde im gleichen Jahr Weltmeister im griechisch-römischen Ringstil. Mit zweiundzwanzig Jahren war er der russische Champion im Gewichtheben und Ringen. Im Jahre 1900 kämpfte er schon als Profi. Von diesem Jahr an bis 1911, als er sich zurückzog, wurde Hackenschmidt im griechisch-römischen Ringen niemals besiegt.

Als Gewichtheber stellte er mehrere Weltrekorde auf, beispielsweise indem er mit einer Hand ein Gewicht von 269,25 engl. Pfund (also etwa 121 kg) hob. Als Spitzenklasse-Ringer hatte Georg Hakkenschmidt in jener Zeit einen ausgezeichneten Ruf, hielt er doch lange Zeit den Europa- und Weltmeistertitel. In rund 3000 Kämpfen zwischen 1898 und 1908 soll er nicht einmal auf die Schulter gezwungen worden sein. Viele seiner Gegner fanden sich bereits besiegt in der Umkleidekabine wieder, ehe sie durch den Kampf in Schweiß geraten waren. Er überwand in München fünf Berufsringer in 7 Minuten, in Paris fünf in 6 Minuten und in New York sechs Berufsringer in 18 Minuten. Auf seiner Australientournee 1904 waren seine zwei gefürchtetsten Gegner zwei Hindus, Buttan Singh und Gunqua Brahm, beide außergewöhnlich stämmige und gewandte Männer. Er warf die beiden innerhalb von 9 Minuten am gleichen Abend. Hackenschmidt behauptete: »Meine Stärke war eine Naturgabe.« Er konnte mit einer Hand 10,5 Stone (etwa 66,6 kg) Gewichte aus der Schulter ein dutzendmal drücken.

Im Jahre 1902 kam Hackenschmidt bereits als »der russische Löwe« nach England. Hier kämpfte er viele Runden und besiegte am laufenden Band alle Gegner, welches Gewicht oder welche Nationalität sie auch hatten. Der vielleicht berühmteste Kampf, der von C. B. Cochran gemanagt wurde, fand zur Olympiade statt. Er besiegte Antonis Pieri, den »schrecklichen Griechen«, gleich zweimal, der daraufhin den berühmten türkischen Ringer Ahmed Madrali anwarb, ihn zu rächen. Hackenschmidt äußerte sich später einmal dazu in der »Times«: »Ich glaube, ich wurde mit 1000 Pfund für den Kampf honoriert, eine Menge Geld in jenen Tagen, und es gab eine Wettprämie von 200 Pfund. Ich trainierte für den Kampf in einer Kneipe in Shepherd's Bush. Ich glaubte, wenn Madrali mich bezwänge, würde ich nie wieder fähig sein, aufzusteigen. So trainierte ich, indem ich rund um die Kneipe mit einem 5-Zentner-Zementsack auf meinen Schultern lief, und Jack Grumley, der über 16 Stone wog, saß oben drauf. Beinahe 900 engl. Pfund (also insgesamt über 7 Zentner) alles zusammen – es war ein ganz schönes Gewicht zu bewegen. Der Kampf, der die Phantasie des Landes in Anspruch nahm, fand statt zu einer vollbesetzten Olympiade im Januar 1904. Begeisterte junge Leute zahlten 25 Guineen für die besten Plätze – und bedauerten

Georg Hackenschmidt, der »russische Löwe«

dies schnell. Der Kampf war in 44 Sekunden zu Ende. Madrali machte eine Bewegung nach meiner Taille, und ich ergriff ihn, hob ihn von seinen Füßen und warf ihn zu Boden, wobei sein Arm ausgekugelt wurde. Er mußte aufgeben.«

In einem Revanchekampf gewann Hackenschmidt wieder in kurzer Zeit. Er setzte seine Bemühungen fort, sich fit zu halten, und blieb bis ins hohe Alter in gutem Training. Er führte Langläufe von 30 bis 40 Minuten durch. Auch Springen war immer eine seiner Stärken. Im Jahre 1902 sprang er wegen einer Wette 100mal mit geschlossenen Füßen über einen Tisch.

Im ersten Weltkrieg war Hackenschmidt in deutscher Kriegsgefangenschaft. Später heiratete er eine Französin und wurde französischer Staatsbürger. Mit sechsundfünfzig Jahren pflegte er vor dem Frühstück 10mal in schneller Folge über ein 137 cm hohes Brett zu springen. Noch mit fünfundachtzig Jahren sprang er einmal pro Woche, also im Jahr etwa 50mal, über die Stuhllehne.

1945 kam er mit seiner Frau nach London, und fünf Jahre später verwirklichte sich ein langjähriger Wunsch: Er erhielt die britische Staatsbürgerschaft.

Außerhalb des Ringes war er ein Mann mit liebenswürdigem Betragen, gepflegten Manieren und nahezu asketischen Sitten. Er genoß weder Alkohol noch Tabak. Und obwohl er während seiner Glanzzeit ein ungeheurer Fleischesser war, wurde er später ein strenger Vegetarier. Einige Zeit nach Beendigung seiner aktiven Karriere durchlief er eine Schule der Körperkultur. Aber sein Hauptinteresse galt der Entwicklung eines Systems einer persönlichen Philosophie, das er im deutschen Internierungslager begonnen hatte. Die Grundsätze dieser Philosophie wurden in einem seiner sechs Bücher ausgedrückt, »Man and Cosmic Antagonism to Mind and Spirit« (»Mensch und kosmischer Gegensatz zu Sinn und Geist«), das er 1935 veröffentlichte.

Der Welt-Ringkampf-Champion und Kraftakrobat Georg Hackenschmidt starb am 19. Februar 1968 in Dulwich im Alter von neunzig Jahren.

11

Simson Alexander Sass

In einem litauischen Dorf bei Saransk lebte um die Jahrhundertwende der Bauer Dmitri Petrow. Er galt als der stärkste Mann dieser Gegend. Man erzählte sich, daß er einmal in die Dorfschmiede von Woltschanowka ging, um sich dort einige Hufeisen zu bestellen. Während sich der Schmied zum Schmiedefeuer wandte, soll Petrow den schweren Amboß unter seinem Mantel versteckt und ihn so gehalten haben, ohne eine Miene zu verziehen.

Was davon Realität und was Legende ist, kann man schwer sagen. Eines aber war sicher, daß der Bauer überall mit seiner Kraft renommierte. Diese Prahlerei störte besonders Vater Sass, der sich deshalb zu einer Wette hinreißen ließ. Er erklärte Petrow, daß er bereit wäre, ihm ein Pferd zu geben, wenn sein Sohn Alexander im kommenden Frühling nicht auch all das zustande brächte, was Petrow könne.

Als Alexander an diesem Tag ahnungslos nach Hause kam, empfing ihn sein Vater besonders freundlich. Er versprach, ihn den gesamten Winter von jeglicher landwirtschaftlicher Arbeit fernzuhalten. Er fragte sogar, welche Geräte er für seine Übungen benötige, um im Frühling gegen den Kraftprotz Petrow antreten zu können.

Alexander – 1888 in Wilna (heute Vilnius) geboren – trainierte den ganzen Winter über hart. Der Frühling brach an und damit der Tag des Kampfes zwischen Alexander Sass und Dmitri Petrow. Die Bewohner aller Nachbardörfer kamen zusammen, um das seltsame Schauspiel zu verfolgen.

Petrow trat voller Überzeugung in den Ring, musterte seinen schmächtigen und jungen Gegner mit einem verächtlichen Blick und begann mit der ersten Übung. Einen 50 cm langen und etwa 1 cm starken Metallstab bog er hufeisenförmig. Alexander machte mit Leichtigkeit das gleiche. Dann nahm man einen langen Eisenstab, der doppelt so stark wie der erste war. Petrow wickelte ihn um seinen Körper und bog ihn wieder gerade. Dieser Trick gelang Alexander nur mit einiger Mühe. Unter den Nägeln trat ihm das Blut heraus, und seine Augen verdunkelten sich. Aber trotzdem bog er das Eisenstück und wiederholte so das, was auch Petrow vollbracht hatte.

Jetzt trug man Holzklötze in den Ring, auf die die Kämpfer stiegen. Im gleichen Abstand von ihnen wurde ein Stein niedergelegt, der mit einem dicken Draht umwickelt war. Er mußte mit einer Hand am Draht erfaßt und von der Erde gehoben werden. Als erster begann Petrow. Mit einem Griff klammerten sich seine Finger in den Draht, und der Stein flog in die Höhe. Alexander tat es ihm nach. Ein erstauntes Raunen ging durch die Menge. Freundschaftlich applaudierten die Zuschauer dem jungen Recken.

Jetzt nahm Alexander eine dicke Kette aus Stahl in die Hände, drehte sie und zog sie ruckartig an. Ein Glied zersprang. Sein Gegner war offensichtlich bestürzt. Er nahm die Kette, drehte sie mit zweifelnder Miene und warf sie auf die Erde.

»Alexander hat gesiegt!« jubelten die Zuschauer. »Wartet«, sagte Petrow plötzlich, »ich bin noch nicht besiegt! Sass hat mich mit seinem Trick einfach überrascht. Aber ich möchte mich mit ihm nicht nur kräftemäßig messen, sondern auch seinen Mut prüfen. Er möge das wiederholen, was ich Ihnen jetzt zeige.« Alexander spitzte die Ohren. Hatte sein Gegner vielleicht wirklich noch einen neuen, ihm unbekannten Trick auf Lager?

Petrow holte einen mit scharfen Spitzen besetzten Gürtel hervor und schlang ihn sich um den Hals. Aus Schultern und Armen floß Blut. Dann verknotete er die Enden, bis das Ganze einem Halstuch ähnlich war. Mit dieser fürchterlichen Krawatte um den Hals ruhte er sich etwas aus und löste dann den Knoten ohne sichtliche Anstrengungen.

»Jetzt ist Sass an der Reihe«, rief Petrow. »Wenn er das Halstuch lösen kann, das ich ihm umbinde, ist er der Sieger.«

Alexander konnte unmöglich ablehnen. Petrow befahl ihm, sich hinzuknien, und schlang den Gürtel um seinen Hals. Er schnürte ihn so fest, daß es Alexander unmöglich war, den Kopf zu drehen. Zum Schluß drehte er den Knoten noch auf den Rücken. Das Blut floß in dicken Strömen über die Finger des Jungen, als er versuchte, den

Knoten vom Rücken auf die Brust zu drehen. Beim zweiten Versuch gelang es Alexander endlich, den Knoten nach vorn zu drehen und zu lösen. Vor Schmerzen war er fast bewußtlos. Der Vater drückte den neuen Helden unter dem Jubel der Zuschauer an die Brust und schlug ihn freundschaftlich auf den Rücken. So erlebte Alexander Sass seinen ersten hart erkämpften Sieg.

Kurze Zeit arbeitete Alexander im Zirkus Jupatow. Als dieser Zirkus Bankrott machte, zog er mit sechs anderen ehemaligen Kämpfern von Südsibirien in das vielversprechendere Mittelasien. Unterwegs verdienten sie sich einen kärglichen Unterhalt durch Vorführungen auf der Straße oder auf den Marktplätzen von kleinen Städten. In Aschchabad kamen die Kämpfer geschwächt und abgemagert an. An einer Plakatsäule erblickten sie die Ankündigung des Zirkus Chojzew. Die Hauptattraktion sollte der Kampf mit einem freiwilligen Zuschauer sein, für den ein Preis ausgesetzt war. Solche Ringkämpfe waren in den kleinen und mittleren russischen Zirkussen damals weit verbreitet und genossen große Popularität. So begaben sich die sieben breitschultrigen, hungrigen und zu allem bereiten Burschen zum Zirkus. Nach der Parade der Kämpfer wandte sich der Schiedsrichter des Wettkampfes an das Publikum: »Und jetzt, verehrte Gäste, kann ein beliebiger starker Mann sein Glück im Kampf mit unserem Recken versuchen. Der Gewinner erhält einen Preis!«

Alexander und sein Freund Sergej erhoben sich von ihren Plätzen und meldeten sich zum Kampf. Der kleine, eher schmächtige Sass reizte das Publikum zum Lachen. Als der Kampf begann, rannte Alexander über die Matte, schlüpfte zwischen den Beinen seines etwa 50 kg schwereren Gegners hindurch, warf sich auf ihn und ließ ihn gleich wieder los. Mit aller Kraft versuchte er, dem Griff der großen Hände zu entgehen und den Gegner zu zwingen, soviel überflüssige Bewegungen wie möglich zu machen. Als er ihn mit dieser Taktik ermüdet hatte, griff er selbst an und versuchte, den Gegner über die Hüfte zu werfen. Aber dieser entrann mühelos der Umfesselung. Erst da bemerkte Alexander, daß der Körper des Athleten eingefettet war. Der Kampf dauerte länger, als auf beiden Seiten erwartet worden war. Schließlich wurde der Athlet müde und kam außer Atem. Alexander gelang es nun, den Giganten mittels eines Hüftwurfes auf die Matte zu legen.

Die Zuschauer, die bis zur letzten Minute nicht an einen Sieg dieses unscheinbaren Fremden geglaubt hatten, applaudierten um so stürmischer. Der Direktor übergab Alexander die Geldprämie. Nach der Vorstellung verhandelten die sieben Kämpfer des ehemaligen Zirkus Jupatow mit dem Direktor Chojzew und wurden engagiert. Damit wurde Chojzews Zirkus vor allem zur Kampfarena, und alle anderen Genres verloren an Bedeutung. Für die Kämpfe mußte man sich verschiedene Neuerungen einfallen lassen. So wurde einmal angekündigt, daß der Zirkusdirektor demjenigen 50 Rubel zahlt, der mit einem Faustschlag in den Bauch den leichtesten Kämpfer, Alexander Sass (er wog nur 64 kg), umwirft. Viele versuchten es, aber niemandem gelang es, den ersehnten Preis zu erringen.

Trotz der vielen Einfälle zogen die Kämpfe nicht mehr genügend Leute an. So erfand Chojzew einen geheimnisvollen Fremden, die »Schwarze Maske«, der zum Wettstreit mit den Zirkusathleten antrat. Obwohl Sass diese Rolle nicht besonders gefiel, mußte er doch wohl oder übel mitspielen, um so mehr, als das Publikum nun wieder größeres Interesse an den Kämpfen zeigte.

Nachdem Sass den Zirkus verlassen hatte, begann er wieder, fleißig an sich zu arbeiten. Das Wanderleben nach dem Bankrott von Jupatow, die im voraus bestimmten Siege und Niederlagen im Zirkus Chojzew hatten seine sportliche Form negativ beeinflußt. Die Bizepse waren hart und unelastisch, die Bauchmuskeln erschlafft, der Rücken krumm. Doch der Ausbruch des ersten Weltkrieges hinderte ihn am ernsthaften Training. Als russischer Kosak geriet er während einer der Schlachten 1914 in österreichische Gefangenschaft, konnte aber bald fliehen.

An einer Budapester Litfaßsäule entdeckte er auf einem Zirkusplakat, daß der von Chojzew einst als »Der gewaltige Ungar« bezeichnete Janosch offenbar Zirkusbesitzer geworden war. Bei ihm erhoffte sich Alexander Zuflucht und Hilfe. Janosch enttäuschte ihn nicht. Nachdem sich Alexander drei Tage ausgeruht hatte, machte Janosch ihn mit der Kämpfergruppe seines Zirkus bekannt.

»Nun, mit wem willst du deine Kraft messen?« fragte er Alexander. Alexander wählte den größten, den Rumänen Paschkowsky, aus, der 130 kg wog. Der Ringkampf dauerte ganze drei Minuten, dann lag Paschkowsky mit gebrochenem Schlüsselbein und ausgerenkter

Schulter auf dem Boden. Alexander war über den Ausgang des Kampfes erfreut und beschämt zugleich. Sein Bestreben, alle Kräfte zu zeigen und Janosch zu beweisen, was noch immer in ihm steckte, war stärker als der Verstand gewesen. Man trug Paschkowsky weg. Janosch, der auf keine Weise seine Haltung zum Kampf zu erkennen gab, sagte zu Alexander, daß er ihn ins Abendprogramm des nächsten Tages aufnehmen wolle. »Einstweilen ringst du. Nur nicht so flink. Aber danach wirst du beginnen, eine Kraftattraktion vorzubereiten. Meiner Meinung nach wird das für dich der beste Schutz sein. Die Gendarmen suchen einen entlaufenen Gefangenen kaum in einer Zirkusarena.«

Auch in Janoschs Zirkus gab es die Ringwettkämpfe zwischen den Zirkusathleten und Herausforderern aus dem Publikum. Die meisten wollten mit Alexander ringen, sie ließen sich von seiner hageren Figur irreführen. Der »Knirps« Sass kämpfte mit den Bewerbern aus dem Publikum, und kein einziges Mal wurde er besiegt. Die Ringer führten Schaukämpfe auf und demonstrierten dabei ihre Kraft und Gewandtheit. Ihr Auftritt wurde mit einem Zweikampf zwischen Janosch und Sass beendet. Sie besiegten einander abwechselnd, wie vorher abgesprochen. Das Publikum war zufrieden.

Währenddessen bereitete Alexander intensiv sein Programm der Kraftdemonstrationen vor. Er beschloß, mit einem relativ komplizierten Trick – der Verspannung mit Pferden – seine Nummer zu beginnen. Da er sich seiner Kräfte noch nicht völlig sicher war – hin und wieder fühlte er eine alte Verletzung –, begann er mit einer einfacheren Variante der Verspannung. Zwanzig Menschen von der einen und zwanzig von der anderen Seite zogen das Seil, das Sass mit den Händen festhielt. Das war nicht sehr kompliziert. Aber Pferde ziehen ungleichmäßig, darum änderte Alexander auch die Probebedingungen. Zuerst einer, dann zwei, dann drei wechselten von dem einen Ende des Seils zum anderen, bis zum Schluß nur noch fünfzehn auf der einen Seite waren. Sie spannten alle Kräfte an und bemühten sich, nach links zu ziehen; gleichzeitig unternahmen fünfundzwanzig Mann von der gegenüberliegenden Seite den Versuch, nach rechts zu ziehen, wobei sie das Seil ruckweise zogen. Schließlich gelang der Trick wie geplant auch mit Pferden. Als folgenden Trick entschloß sich Sass für eine »Teufelsschmiede«. Es war nicht einfach, sich nach der Verletzung, der Flucht und nach der großen Trainingspause zu zwingen, mit dem Rücken auf Nägeln zu liegen. Zu Beginn stumpfte er die Enden der Zacken einer großen Egge ab, schmierte sich den Rücken mit Baumwollsamenöl ein, spannte alle Muskeln an und ließ sich vorsichtig auf den stählernen Zacken nieder. An einigen Stellen trat Blut hervor, aber insgesamt war Alexander zufrieden. Es gelang ihm, eine Minute liegen zu bleiben. Von Tag zu Tag vergrößerte er die Dauer. Später bat er einen der Angestellten, ihm auf die Brust zu steigen. Am nächsten Tag stellten sich zwei auf ihn. Und nach einem Monat schlugen drei baumstarke Hammerschmiede auf einen großen Stein ein, der auf Alexanders Brust ruhte.

Er erweiterte sein Programm und fügte Trick um Trick hinzu. Einen Balken mit einem Gewicht von 220 kg hob Alexander mit seinen Zähnen auf und trug ihn über eine Entfernung von zwei Metern. Ähnliche Dinge hatte er auch früher gezeigt. Jetzt ließ er sich – mit dem Fuß in einer Spezialschlinge steckend und den Balken mit den Zähnen haltend – unter die Zirkuskuppel ziehen, ein sehr wirkungsvoller Trick.

Auch das schien Alexander noch zu wenig. Er begann die »Artilleriesalve« zu proben. Das war keine neue Nummer. Schon vor 50 Jahren trat Henri Sternon, genannt der »Nördliche Herkules«, mit einer Kanone auf den Schultern in die Arena. Ein Blindschuß donnerte, und das Publikum war begeistert.

Einmal endete die Sache jedoch tragisch. Statt der Blindladung hatte jemand eine scharfe Ladung in die Kanone gelegt. Einige Menschen wurden getötet. Sternon selbst erlitt einen schweren Schock und konnte nicht mehr als Kraftathlet auftreten. Eine Geldstrafe von 60 000 Franken ruinierte ihn finanziell völlig.

Alexander beschloß, die Nummer des Kanonenkönigs Holtum zu wiederholen. Er nahm sogar eine 90 kg schwere Kugel, die 8 m weit flog. Das dazu erforderliche Requisit, die Kanone, soll Alexander selbst entworfen haben.

Während die Arbeit an den ballistischen Elementen der Nummer lief, bereitete sich Alexander auf das Auffangen des Geschosses vor. Er befand sich dabei in einer Spezialvorrichtung über der Arena. Die Proben mit den fliegenden Gewichten verliefen gut. Janosch meinte, daß man nun den Flug eines Menschen aus der Kanone, quer durch

Alexander Sass
hob eine mit zahlreichen Personen
besetzte Plattform

die Arena in die Hände von Sass, vorbereiten könne. »Zu schießen beginnen wir mit ihr«, sagte der Zirkusdirektor zu Sass und winkte die Akrobatin Betty heran. Die kleine, aus England gekommene Betty war schüchtern und hatte große Angst vor der neuen gefährlichen Arbeit. Doch zu Alexander faßte sie Vertrauen, und die folgenden Proben machten aus beiden ein gutes Gespann.

Auch die anderen Tricks wurden weiter trainiert. Kettenglieder mußten durch Alexanders Kraft innerhalb von nur 30 Sekunden zerspringen. Eisenstangen wurden nicht schlechthin nur verbogen, sie mußten in kurzer Zeit in ein kompliziertes Muster gefügt werden. Alexander bestimmte den Schwerpunkt der Stange, indem er sie auf dem Zeigefinger ausbalancierte. Danach umwickelte er diesen Punkt mit einem Tuch, hielt die Stange mit den Zähnen fest und bog sie dann.

Alexander Sass erfand übrigens auch das Dynamometer, das in den Sportgebrauch eingeführt wurde.

Das Einschlagen von Nägeln mit der Faust wurde von mehreren Artisten gezeigt. Doch gab es auch Betrügereien dabei. Manche Athleten bohrten zuvor Löcher in die Tafeln, vertuschten sie mit einem Spezialkitt und hatten es dann natürlich leicht, die Nägel einzuschlagen. Alexander arbeitete stets ehrlich und ließ die Zuschauer die Holztafeln und Nägel auswählen. In dieser Ehrlichkeit zeigte sich nicht nur sein Charakter, sondern auch seine Berufserfahrung. Er hatte ziemlich oft gesehen, wie eine noch so geschickte Gaunerei mit einem Reinfall endete. Um mit reinem Gewissen auftreten zu können, hieß es hart arbeiten. Zuerst schlug er die Nägel mit einer handschuhgeschützten Faust ein, später mit bloßer Hand. Aber auch das schien ihm zu wenig. Nachdem er die eingeschlagenen Nägel leicht gelockert hatte, zog er sie mit den Fingern wieder aus der Tafel heraus.

Als das Programm fertig war, bestellte Janosch große farbenprächtige Plakate »In der Arena – der stärkste Mann der Welt – Alexander Sass«. Für den Fall, daß ein pedantischer Gendarm auf den Gedanken kommen sollte, sich dafür zu interessieren, wer dieser Sass sei, waren falsche Dokumente vorbereitet, nach denen Sass ein Einwohner Budapests war. In Budapest fand auch sein erster Auftritt statt. Es war ein absoluter Erfolg. Die Zuschauer strömten in den Zirkus. Die Vorstellungen erfüllten alle ihre Erwartungen. Plötzlich geschah etwas Unvorhergesehenes. In den Zirkus kam auch der Militärkommandant von Budapest. Dem großartigen Programm applaudierend, interessierte er sich dafür, wer dieser Alexander Sass sei und warum solch ein Recke nicht in der österreichisch-ungarischen Armee diene. Erklärungen und Dokumente, mit denen sich der Adjutant des wißbegierigen Kommandanten vertraut machte, erschienen verdächtig. Die Militärgendarmen nahmen sich der Sache an. Alexander

Sass, der stärkste Mann der Welt, wurde verhaftet. Sie stellten ohne besondere Schwierigkeiten die Wahrheit fest. Sass kam vor ein Militärgericht, und das Urteil konnte eigentlich nur »Tod durch Erschießen« lauten. Doch das Gericht verhängte nur lebenslängliche Haft.

Zwei Argumente spielten eine Rolle: Alexander tötete bei seiner Flucht keinen von der Wache, und – der Budapester Kommandant wollte nicht »dem großen Kraftakrobaten das Leben nehmen«, wie er sich bei der Gerichtsverhandlung ausdrückte.

Nach langer und gründlicher Vorbereitung gelang ihm wieder eine abenteuerliche Flucht. Naß, schmutzig, halbnackt, mit Handschellen an den Handgelenken stürzte er mitten in der Nacht in die Wohnung von Janosch, der inzwischen schon alles vorbereitet hatte, den Freund sicher zu verstecken. Doch die Flucht war nicht spurlos an Alexanders geschwächtem Organismus vorübergegangen. Am nächsten Morgen stellte sich eine Lungenentzündung ein. Unter allerlei Vorsichtsmaßnahmen lud Janosch Alexander in eine leichte Kalesche und brachte ihn zu seiner Schwester aufs Dorf.

Die starke Natur von Sass setzte sich bald durch. Nach zwei Wochen bummelte er schon mit Betty über die Wiesen und half Janoschs Schwester in der Wirtschaft. Bald kam Janosch selbst. Er brachte einen großen, hageren, gut gekleideten Mann mit: Signore Pasolini.

»Weißt du, Junge, hier zu bleiben ist für dich nicht ungefährlich«, sagte Janosch. »Sie suchen dich. Wenn sie dich hier finden, muß ich auch daran glauben. Das letzte Mal kam ich mit einer Geldstrafe davon. Nicht wenig Geld, nun gut, ich werde nicht bankrott gehen. Jetzt aber wird es schlimmer. Sie werden den Zirkus schließen, und es kann sein, sie verhaften auch mich«, erläuterte Janosch.

»Ich werde sofort weggehen«, antwortete Alexander.

»Warte«, fuhr Janosch fort, »weit wirst du nicht kommen, man wird dich schnell aufgreifen. Ein anderer Weg ist besser. Signore Pasolini verspricht, dich nach Italien zu bringen. Genauer gesagt, er ist bereit, dich aus dieser Geschichte herauszuholen, wenn du in Zukunft für ihn arbeiten wirst. Es ist doch so, Signore Pasolini?« Signore Pasolini nickte unmerklich mit dem Kopf.

»Denk darüber nach, nur schnell«, endete Janosch.

»Ich bin einverstanden«, antwortete Alexander sofort. Schweigen trat ein. »Betty fährt natürlich mit dir?« fragte Janosch unsicher. »Ja!«

Jetzt schaltete sich der bis dahin schweigende Signore Pasolini ein. »Verehrte Herren«, begann er, langsam nach russischen Worten suchend. »Ich glaube Ihnen absolut. Ich zweifle nicht an der Kraft des Herrn Sass, obwohl ich nicht einen seiner Auftritte sah. Wir neigen jedoch dazu, bei unseren Möglichkeiten zu übertreiben, ebenso wie bei den Möglichkeiten unserer Freunde. Ich möchte beteuern, daß die Abmachung von meiner Seite aus völlig ehrlich gemeint ist. Darum möchte ich mich von der ungewöhnlichen Kraft des geschätzten Herrn Sass überzeugen. Ich verstehe, daß Sie durch die Krankheit geschwächt sind. Aber vielleicht können Sie trotzdem etwas von dem zeigen, was der Aushang ankündigte?« Und dabei entfaltete Signore Pasolini das vor einem halben Jahr gedruckte Plakat mit der auffallenden Überschrift »Alexander Sass – der stärkste Mann der Welt«.

»Sie wollen wissen, wen Sie kaufen?« lächelte Alexander.

»Jawohl!« antwortete gelassen der Impresario.

Alexander nahm den an der Tür stehenden eisernen Schürhaken und machte einen doppelten Knoten. Signore Pasolini beobachtete aufmerksam das Metall, nahm eine Feile aus der Tasche und prüfte damit die Härte des Eisens, dann nickte er befriedigt. Danach nahm er aus der Tasche eine Eisenkette und reichte sie Alexander. »Probieren Sie, sie zu zerreißen!«

Auch das erfüllte dieser ohne besondere Anstrengungen. »Vortrefflich! Nun, aber jetzt machen Sie dasselbe mit der Brust«, forderte Pasolini. Alexander begann die Kette um die Rippen zu wickeln. Signore Pasolini unterbrach ihn: »Erlauben Sie, ich werde das selbst machen.«

Einen Moment. Fertig. Tiefes Einatmen, Ausatmen, erneut Einatmen. Alexander strengte sich an, die Kette blieb um die Rippen. Noch einmal eine Kraftanstrengung – die Kette riß. Signore Pasolini untersuchte die Bruchstücke.

»Vortrefflich«, sagte er. »Ich habe keine Zweifel. Jetzt sprechen wir über die Formalitäten. Sie werden die englische Staatsbürgerschaft erhalten. Das ist gegenwärtig der stabilste Staat der Welt. Ich habe Freunde, mit deren Hilfe werden wir leicht den Erhalt der Staatsbürgerschaft in Ordnung bringen. Verdienen werden Sie gut. Zwanzig Prozent von Ihren Einnahmen werden in einer runden Summe ausgedrückt. Das wird Ihr Teil sein. Von mir werden Sie sich nicht trennen, solange ich es nicht will. Hier ist der Vertrag!«

Der Impresario nahm ein Schreiben aus der Tasche und gab es Alexander. »Unterschreiben Sie!«

Alexander unterschrieb den Kontrakt. Er glaubte nicht, daß solch ein Papier ihn ein ganzes Leben lang unterjochen könnte, und das wichtigste war im Moment, von hier wegzukommen.

Pasolini steckte das Schreiben in die Tasche: »Nur noch eine Bedingung, es gibt keinen Sass mehr. Die Plakate werden das Auftreten des geheimnisvollen ›Eisernen Simson‹ ankündigen. Keine Gespräche ohne mein Wissen, keine Interviews ohne meine Kontrolle. Je weniger über Ihr Leben bekannt wird, um so besser sind Sie eine geheimnisvolle Person – der Eiserne Simson.«

Mister Pulum, der Direktor eines Londoner Schwerathletikklubs, schrieb in der Zeitschrift »Athlet«: »Direkt im Herzen Englands traf ein Mensch ein, der fähig ist, Nummern zu gestalten, an die der gesunde Menschenverstand sich weigert zu glauben. Der Grund, der dazu zwingt, Simson unlauterer Tricks zu beschuldigen, ist sein Äußeres. Besser gesagt, der Mangel dieses Äußeren.«

Mit seiner Größe von nur 1,66 m und einem Gewicht von nur 75 kg zog er, wenn man ihn rein äußerlich mit anderen Kraftakrobaten Englands verglich, immer den kürzeren. Wäre er ein riesiger Bursche gewesen, hätte man ihm seine Attraktionen eher geglaubt. Auch seine kolossale Brustausdehnung von 96 auf 119 cm bemerkte man mit den Augen nicht. Es ist jedoch nicht ein einziger Fall bekannt geworden, bei dem dem »Eisernen Simson« ein Betrug hätte nachgewiesen werden können. Unter den Fachleuten galt er immer als großartiger ehrlicher Kraftakrobat, vortrefflicher Sportler und ein Mensch, der seinen Verstand nicht schlechter zu nutzen verstand als seine Muskeln.

Ein Aushang in Manchester teilte einmal folgendes mit: »Während der Bauarbeiten hebt Simson, der an einem Fuß am Kran hängt, mit den Zähnen einen Eisenträger von der Erde auf und bringt ihn mittels Kran so in den oberen Teil des Gebäudes.« Was da angekündigt wurde, realisierte Simson auch. Dabei stand direkt unter ihm eine Menschenmenge mit offenem Mund. Hätte der »Eiserne Simson« den Träger fallen lassen, so würden nicht wenige ihre Neugierde mit dem Leben bezahlt haben.

Vierzig Jahre unermüdlichen Wirkens als »Eiserner Simson« waren vergangen, als Sass in einer Vorstadt Londons einsam als alter und erschöpfter Mann lebte. Seit jener Zeit, als er sich von der Kraftakrobatik trennen mußte, wurde es seine Lieblingsbeschäftigung, alte und vergilbte Papiere sowie abgegriffene Zeitungsausschnitte zu ordnen. Obwohl er Hunde, Ponys, Affen und sogar Löwen dressierte und noch im hohen Alter mit diesen Tieren in der Manege erfolgreich auftrat, war er mit seinem Leben nicht zufrieden. Er trennte sich nicht von den Aushängen, Plakaten und Zeitungsausschnitten aus vergangenen Zeiten. Stellvertretend für die große Anzahl von Kritiken sollen einige zitiert werden.

Daily Telegraph: »Der Herr, der sich Simson nennt, ist der stärkste Mensch auf der Erde. Das kann man leicht nachprüfen, wenn man gesehen hat, wie er Eisenstäbe zu Knoten zusammenbindet ...«

Health and Strength: »In der Gestalt Simsons haben wir einen richtigen Athleten, dessen Erfolge einer Überprüfung standhalten.«

Manchester Guardian: »Einverstanden mit den Anzeigen, daß er der stärkste Mensch auf der Erde ist, nachdem wir ihn selbst sahen ... Diese Erklärung kann als unwiderlegbar gelten.«

In England war Sass immer ein Phänomen. Doch die Sehnsucht nach seiner litauischen Heimat blieb, und er wäre gern nach dort zurückgekehrt. Er soll einmal gesagt haben, daß er sich in der Rolle als »Eiserner Simson« nie richtig wohl gefühlt habe.

Aber er konnte sich nie aus den zähen Schlingen seiner Kontrakte lösen. Konventionalstrafen, die er niemals hätte bezahlen können, waren eine ewige Drohung. Alexander Sass hatte sich damals in Ungarn mit seiner Unterschrift auf lebenslänglich an Pasolini verkauft.

Als er erfuhr, daß in der Sowjetunion seine Schwester und der Neffe noch lebten, griff er hastig zur Feder. Er schrieb, wie einsam er in der Fremde sei und wie er davon träume, nach Hause zurückzukehren. Seine Verwandten und Berufskollegen schickten Plakate und Zirkuszeitschriften nach London und hatten den alten Berufskolle-

gen nicht vergessen. Leider war ihm die Rückkehr in seine Heimat
nicht mehr vergönnt.

Als Alexander Sass 1962 starb, bezeichnete die englische Zeitung
»Health and Strength« in einem Nachruf sein Leben als sensationell
und dramatisch zugleich.

12

Vom Kraftjongleur zum Artistenvermittler: Paul Spadoni

In der ersten Hälfte unseres Jahrhunderts hatte die Jonglerie einige Berühmtheiten zu verzeichnen, die noch heute ein Begriff sind. An ihrer Spitze stand ganz sicher Enrico Rastelli, aber auch Namen wie Cinquevalli, Salerno, Kara sind noch heute bekannt. Unter diesen großen Jongleuren nimmt der am 3. Oktober 1870 in Berlin geborene Paul Spadoni (sein bürgerlicher Name war Paul Krause) eine Sonderstellung ein. Er jonglierte sowohl leichte Gegenstände als auch schwerste Requisiten mit gleicher Eleganz.

Schon früh zeigte Paul Neigungen für artistische Übungen, fand jedoch mit diesen »brotlosen Künsten« bei seinem Vater, der ein Restaurant besaß, wenig Anklang. Doch Paul ließ nicht locker. Mit zwölf Jahren nahm er Mutters Kaffeegeschirr und übte damit Jongliertricks ein. Mit vierzehn Jahren bestritt er die gesamte Unterhaltung auf der Geburtstagsfeier eines Mitschülers, indem er das Mienenspiel damals bekannter Persönlichkeiten nachahmte, Geldstücke unter wassergefüllten Gläsern weghexte und mit acht Bällen so gekonnt jonglierte, wie es sonst nur auf Varietébühnen zu sehen war.

Neben seinen Neigungen zur Artistik hatte Paul auch Talent zum Zeichnen. Sein Vater schickte den Jungen in die Berliner Zeichenakademie in der Klosterstraße. Während er hier durchaus Erfolge buchen konnte, ließ er seine artistischen Übungen aber nicht zu kurz kommen. Radschlagen, Flickflack und Saltospringen mußten allerdings ohne das Wissen seines Vaters trainiert werden.

Die Artistik hatte Paul gepackt und hielt ihn fest. Schließlich brannte er durch und begann bei der Künstlergesellschaft Labersweiler-Laberyel als Clown und Jongleur. Paul war zufrieden, und es lief eigentlich zunächst alles so, wie er es sich vorgestellt hatte.

Doch plötzlich brachte ihm der Aberglauben der Fahrenden unge-

Paul Spadoni und seine Schwester Agnes um 1892

wollt den ersten Krach ein. Die Ursache war eine einfache Aktenta-
sche, in der die Verträge für die nächsten Orte lagen. Paul hatte diese
bewußte Tasche an einem Tag, an dem der Zirkusdirektor durch das
schwache Geschäft ohnehin schon schlechter Laune war, auf dessen
Bett gelegt. »Wollen Sie mir mein Geschäft zum Einschlafen bringen?« schrie ihn der Direktor an. Es schien wie verhext. Zu Beginn
der Abendvorstellung erschien als erster Besucher ein Mann mit
einer Freikarte. Am nächsten Mittag kaufte die erste Karte für die
Abendvorstellung eine uralte, verhutzelte und zahnlose Frau. Die Artisten stöhnten: »Das bringt großes Pech, und noch dazu ist heute der
Dreizehnte.« Zum Überfluß kam zur Abendvorstellung noch eine
Frau mit einem neuen Besen, und die Artisten prophezeiten: »Ihr
werdet sehen, die fegt uns mit ihrem Besen noch das letzte bißchen
Glück hinaus.« Und Paul war der Urheber all dieses Pechs. Die
schlechte Zeit für den Zirkus hatte natürlich Ursachen. Es war Ernte-
zeit, fast alle Leute arbeiteten den ganzen Tag auf den Feldern und

waren abends viel zu erschöpft für einen Zirkusbesuch. Doch was nutzte diese einfache Wahrheit, Paul mußte als Sündenbock herhalten.

Nach diesem ersten Zirkusengagement schloß sich Paul dem berühmten Zauberkünstler Agoston an, der ihm auch den Namen Spadoni gab. Spadoni bildete sich nun auf einem Spezialgebiet der Jonglerie, der Kraftjonglerie, aus, und brachte es hier im Laufe der Zeit zu Leistungen, die als bahnbrechend und teilweise als unnachahmlich zu bezeichnen sind. Er entwickelte immer neue Tricks der Kraftjonglerie und auch der Kraftakrobatik. So sprang er vom Schleuderbrett auf ein galoppierendes Pferd oder über acht nebeneinanderstehende Pferde. Er balancierte mit einem Speiseservice, gedeckten Tischen oder erschien mit Pferd und Dogcart auf der Bühne des Varietés, spannte das Pferd aus und balancierte den zweirädrigen Wagen auf der Schulter.

Als das Auto aufkam, war es für ihn Ehrensache, eines jener Ungetüme von anno dazumal auf der Schulter hochkant zu balancieren. Nun rissen sich die großen Zirkusse und Varietés um diesen Meister der Kraftakrobaten; und sie überboten sich bei den Gagenhöhen gegenseitig. Spadoni entwickelte den Kugelfangtrick John Holtums zur Sensationsnummer weiter, indem er drei 90 Pfund schwere granatenförmige Stahlstücke mit seinem bloßen Nacken auffing, sie balancierte und mit ihnen jonglierte, um sie dann krachend auf eine Stahlplatte fallen zu lassen. Er begnügte sich nicht damit, eine aus einer Kanone gefeuerte Kugel mit den Händen aufzufangen, sondern fing als erster eine 45 Pfund schwere Kugel mit dem Genick auf.

Er balancierte – erstmalig 1897 – ein Torpedostück von 200 Pfund, warf es hoch, um es dann zwischen Schulter und Nacken aufzufangen. Er fing gleichzeitig eine Granate im Genick und zwei Eisenkugeln, die er durch eine Wippe selbst hochschleuderte, mit den Händen.

Er jonglierte abwechselnd mit Tennisbällen und Kanonenkugeln und manchmal mit beiden gleichzeitig – ein besonders schwieriger Trick.

Das Kraftjonglieren wurde wegen der sensationellen Wirkung besonders in Amerika sehr geschätzt. Die Industrie benutzte die Requisiten oft zu Reklamezwecken. Und die Kraftjonglerie bot dadurch,

Paul Spadoni

daß meistens mit solchen Requisiten wie Kanonen, Granaten, Minen gearbeitet wurde, auch beste Möglichkeiten für militärische und »patriotische« Bekundungen, ein Problem, mit dem die »starken Männer« immer wieder konfrontiert wurden. Viele nutzten auch ganz bewußt diesen Trend bei ihrer Kostümierung, durch die Verwendung von Flaggen usw.

Unter den zahlreichen Höchstleistungen Spadonis sind folgende noch hervorzuheben:

Auf einem kreuzförmigen Gestell lagen oben eine Granate und seitlich je ein gefülltes Goldfischglas. Das Gestell wurde durch einen Schlag mit der Hand fortgeschleudert, und Spadoni fing die Granate im Nacken und die beiden Gläser unversehrt mit den Händen auf.

Später hatte sich Paul Spadoni einen außerordentlich wirksamen Finaltrick zugelegt. Man stellte auf eine ungefähr 4 m hohe Plattform eine Kanone, dann zog man diese Standfläche plötzlich auseinander, und Paul Spadoni fing die Kanone mit seinen Schultern und Händen auf. Er kam dabei zwar ins Schwanken und mußte mitunter auch einige Korrekturschritte machen, aber er balancierte diese unerhörte Last.

Natürlich sind derartige Darbietungen gefährlich, auch wenn sie noch so oft geübt wurden. So blieb auch Spadoni von Unfällen nicht verschont. Als er 1906 in New Orleans den Trick des Auffangens seiner Kanonenkugel auf einem Porzellanteller vorführte, zersprang der Teller, und Spadoni trug schwere Schnittwunden davon. Trotz seiner durch den Blutverlust hervorgerufenen Schwäche trat Spadoni in der Abendvorstellung des gleichen Tages wieder auf. Aber kurz vor dem Auffangen eines Torpedos brach er ohnmächtig zusammen. Die Geistesgegenwart seines Assistenten Wagner verhütete ein großes Unglück. Wagner, später Spadonis rechte Hand in der Künstleragentur, stieß das bereits fallende Geschoß aus der Flugbahn und lenkte es so von Spadoni ab.

Während des ersten Weltkrieges mußte der weltbekannte Kraftjongleur in den Schützengräben vor echten Geschossen in Deckung gehen. Spadoni wurde schwerverletzt in ein Lazarett eingeliefert, mit der Kraftakrobatik war es für ihn zu Ende. Da Direktor Hagenbeck ihn als Regisseur seines Zirkus reklamierte, mußte er nach seiner Genesung wenigstens nicht zurück an die Front.

Nach dem Krieg suchte er nach einer Möglichkeit, weiter auf dem artistischen Gebiet arbeiten zu können. Da er durch seine jahrelangen Gastspielreisen sowohl viele Berufskollegen als auch Direktoren von Zirkussen und Varietés kannte, erschien ihm eine Artistenagentur das Geeignetste.

Mit großer Energie setzte er sich gemeinsam mit seiner Frau Maria, einer Nichte von Ernst Schumann, für das neue Unternehmen ein, und es gelang ihnen in relativ kurzer Zeit, eine weltberühmte Agentur aufzubauen.

Er hatte lange nach einem neuen Beruf gesucht und nun die ideale Lösung gefunden. Seine Fachkenntnisse, seine auf den zahlreichen

Weltreisen erworbenen Sprachkenntnisse, sein kaufmännisches Genie, seine Bekanntschaft mit den führenden Personen der Weltvarietés und Zirkusse, seine sichere Urteilskraft über artistische Leistungen prädestinierten ihn voll und ganz für seine Tätigkeit.

Die bedeutendsten Attraktionen sind durch seine Agentur vermittelt worden, bis zum 20jährigen Jubiläum etwa 50 000 Artisten aus aller Herren Länder.

Mit Enrico Rastelli, dem größten Jongleur aller Zeiten, verband Spadoni ein besonders freundschaftliches Verhältnis. Paul Spadoni übernahm als erste Auslandsagentur die Vertretung des jungen sowjetischen Staatszirkus in Mitteleuropa und erhielt dadurch besondere Bedeutung.

Mit Stolz erfüllte es Spadoni, daß seine Töchter seinen Namen weiter über die Varietébühnen der Welt trugen. Marion und Magdi zeigten eine Revue »Zirkus auf der Bühne«. Magdi gab ihren Beruf einer Fußverletzung wegen auf, Marion arbeitete vor allem als Zauberkünstlerin.

1945 erhielt sie als erste deutsche Direktorin die Lizenz für die Neueröffnung eines Varietés, des heutigen Friedrichstadt-Palastes in Berlin. Paul Spadoni starb am 11. Juli 1952 in Rom.

Das Saxon-Trio

Das Saxon-Trio existierte in verschiedenen Besetzungen, am längsten gehörten ihm die Brüder Artur (geboren 1878), Hermann (geboren 1882) und Kurt Hennig (geboren 1884) an.

Artur Hennig war erst fünfzehn Jahre alt, als er in einem Kellerraum eines Nachbarhauses mit einigen gleichaltrigen Jungen den »Athleten-Club Vorwärts« gründete. Trainiert wurde einmal wöchentlich. Der elfjährige Bruder Hermann durfte nur zusehen und manchmal ein kleineres Gewicht heben.

Die über dem Keller wohnenden Mieter beschwerten sich bald bei der Polizei über den Krach. Die Übenden schätzten ihre Kraft oft zu hoch ein, und wenn dann die Gewichte polternd zu Boden fielen, wurde das gesamte Haus erschüttert. Weil noch keines der Klub-Mitglieder über sechzehn Jahre alt war, verbot die Polizei den Klub. Außerdem wurde jeder der Jungen vor die Entscheidung gestellt, entweder drei Mark Strafe zu zahlen oder einen Tag in Haft zu gehen. Als Zugabe wurde ihnen noch von den Eltern und dem Lehrer der Hintern versohlt. Bei der Klubauflösung wurden die Gewichte auf die jungen Athleten aufgeteilt. Da Artur der stärkste von allen war und als einziger schon das 100-Pfund-Gewicht zur Hochstrecke bringen konnte, bekam er dieses zur Aufbewahrung. Jeder hütete seine Gewichte wie seinen Augapfel.

Während Artur am Tage als Steinmetzlehrling arbeitete, kopierten Hermann und Kurt die Athleten, die sie auf der Leipziger Kleinmesse oft beobachtet hatten. Sie entführten einige Gewichte aus der Wohnung und gaben auf dem Hinterhof vor den Kindern der Straße eine regelrechte Vorstellung. Der Eintrittspreis betrug einen Pfennig. Sie haben bei ihren Vorführungen bereits Ziegelsteine mit der bloßen Handkante zerschlagen, Eisenstangen zu Reifen gebogen und zum Schluß den Schweizer Gürtelringkampf gezeigt. Hermann gab sich als »stärkster Junge der Straße« aus – sein Bruder Artur fehlte ja – und setzte demjenigen Jungen fünf Pfennig als Preis aus, der ihn im Ringkampf besiegen würde. Es ist keinem Jungen gelungen, Hermann auf die Schulter zu legen.

Eines Sonntags, die Eltern waren nicht in der Wohnung, übten die drei Brüder in der Stube. Obwohl sie sich bemühten, die Gewichte weich auf den Fußboden aufzusetzen, passierte doch eine Havarie. Artur balancierte das zentnerschwere Rundgewicht in der Hochstrecke, verlor dabei die Balance und ließ das Gewicht fallen. Hermann, der das Gewicht mit hielt, landete mit beiden Beinen im Kleiderschrank, der völlig zertrümmert wurde. Das Rundgewicht zerbrach außerdem einige Fußbodendielen. Sie hatten sich noch nicht von ihrem Schreck erholt, als der unter ihnen wohnende Mieter in der Stube stand und schrie: »Seid ihr denn verrückt geworden! Meine Decke ist mitsamt der Lampe heruntergekommen!« Als er die angstvollen Gesichter der Jungen und Hermann im zertrümmerten Schrank sitzen sah, lachte er schadenfroh. Die Sache hatte noch ein Nachspiel. Der Vater mußte für den entstandenen Schaden aufkommen, und die Gewichte wurden aus der Wohnung verbannt.

Mit sechzehn Jahren trat Artur dem Leipziger Gewichtheberverein »Atlas« bei und verkaufte die bis dahin sorgsam gehüteten, aber doch sehr unhandlichen Gewichte beim Altwarenhändler.

Die Idee zur Gründung des Saxon-Trio hatte der Ringkämpfer und Zahnkraftartist Arno Saxon. Er war zuvor lange Zeit als Zirkusartist in England tätig gewesen und hatte dort auch den zur damaligen Zeit berühmtesten Kraftakrobaten Eugen Sandow kennengelernt. Nach einer Trainingsstunde im Gewichtheberklub setzte man sich in einem Restaurant zusammen und schmiedete bei einem Glas Bier Pläne für die Zukunft. Sie, das heißt Arno Saxon, Artur Hennig und Oscar Hilgenfeld, tauften sich »Saxon-Trio« und übten eine Kraftdarbietung ein. Sie traten in England auf und hatten sofort Erfolg. Der neunzehnjährige Artur war das jüngste Mitglied, aber auch er zeigte schon Höchstleistungen, zum Beispiel brachte er mit seinem rechten Arm 120 kg zur Hochstrecke. Das Trio begeisterte das verwöhnte englische Publikum immer mehr.

Imitierte Gewichte kamen für sie nicht in Frage. Es gab Athleten, die ihre Hanteln mit höheren Gewichtsangaben beschrifteten, als sie in Wirklichkeit wogen, oder Ketten sprengten, die schadhafte oder präparierte Glieder hatten. Andere brachen Münzen entzwei, die zuvor mittels Chemikalien in ihrer Festigkeit beeinflußt worden waren. Solche faulen Tricks gab es für die Saxons nicht.

Als sich das Saxon-Trio stark und sicher genug fühlte, verkündete es öffentlich, daß Artur Saxon mit Eugen Sandow die Kräfte messen wolle. Da ganz England im Rausch des Sandow-Kultes lebte, wollte dies schon etwas heißen. Sandow hatte bisher alle seine Herausforderer bezwingen können und galt nicht nur als »stärkster Mann der Welt«, sondern auch als der am »schönsten gebaute Mann« seiner Epoche.

Während Artur 120 kg einarmig zur Hochstrecke schraubte, lag Sandows offizieller Rekord bei 97,5 kg. Beidarmig brachte Artur 173,5 kg hoch, während Sandow nur 135 kg schaffte. Diese Tatsache verlieh Artur die Sicherheit für seine Herausforderung.

Am 26. Februar 1898 war es dann soweit. Artur brachte seine große Hantel in die Music-Hall in Cheffield, in der Eugen Sandow sonst allabendlich auftrat. In der Ankündigung wurde mitgeteilt, daß Artur ein Gewicht zur Hochstrecke bringen möchte, welches Sandow nicht schaffen würde. Die Music-Hall war ausverkauft; viele wollten den Mann kennenlernen, der so dreist auftrat und mehr als der große Sandow heben wollte. Man wunderte sich anfangs über Sandows Fernbleiben. Aber Sandow saß bereits verkleidet dicht vor der Bühne. Als Artur seine Hantel zur Hochstrecke gebracht hatte, sprang Sandow auf die Bühne und warf seine Verkleidung ab. Es schien sich eine Sensation anzubahnen. Sandow probierte mehrmals, brachte die Hantel auch bis zur Schulter, aber über den Kopf hinaus schaffte er sie nicht. So mußte Eugen Sandow als Verlierer die Bühne verlassen. Die Saxons hatten auf Sandows Kosten einen sensationellen Erfolg und eine sehr gute Reklame.

Doch als sie auf den Plakaten mit großen Buchstaben bekanntgaben, daß Artur zu jeder Vorstellung jene Hantel heben würde, die Sandow nicht schaffte, verklagte Sandow die Saxons. Es wurde ein Richterspruch erlassen, der den Saxons diese Reklame verbot. Beide Seiten waren damit zufrieden. Die Saxons hatten genug Reklame,

Die Brüder Saxon als »Die lebende Automobilbrücke«

und Sandows Geschäft war zwar etwas geschwächt, aber auch weiterhin gesichert.

Für Sandow war diese bewußte Hantel von Artur immer noch ein Rätsel. Eines Tages gelang es ihm, diese Hantel zu erwerben. Er untersuchte sie genau und stellte fest, daß die Stange hohl und teilweise mit Quecksilber gefüllt war. Artur hatte Sandows Vorstellungen oft studiert und festgestellt, daß er die Hantel etwas schräg hielt, bevor er sie hochstemmte. Artur dagegen hielt die Hantel genau waagerecht. Dadurch, daß das Quecksilber zu einer Seite lief, entstand eine ungleichmäßige Belastung, auf die Sandow nicht eingestellt war, der Arturs Technik jedoch Rechnung trug.

Die Saxons hoben nicht nur Gewichte, sondern jonglierten diese auch. Das Trio reiste in vielen Ländern der Welt umher und war außerordentlich erfolgreich. Die Zusammensetzung des Trios änderte sich allerdings.

Oscar Hilgenfeld verließ die Truppe und bildete zusammen mit dem Kraftakrobaten Albert Attila die »Attila-Brüder«. Attila hatte

113

einst in New York als Lehrer für Körperausbildung gewirkt. Zu seinen Schülern zählten auch Lionel Strongfort und Eugen Sandow. Attila soll als erster das Kartenzerreißen öffentlich gezeigt haben.

Oscar Hilgenfelds Platz nahm der Engländer Somerton ein, der auch mehrere eigene Krafttricks einbrachte. Nach einigen Jahren löste er sich wieder vom Saxon-Trio und gründete ein eigenes Unternehmen. Die entstandene Lücke schloß der deutsche Schwerathlet Adolf Hilsberg.

Selbst der Gründer Arno Saxon versprach sich eines Tages mit einer eigenen Solo-Darbietung größeren Erfolg und verließ das Trio. Nach der Trennung war allerdings von Arno Saxon nichts mehr zu hören. Artur holte seinen siebzehnjährigen Bruder Hermann, der sich zu einem muskulösen und starken jungen Mann entwickelt hatte. Er folgte dem Wunsch seines großen Bruders mit Begeisterung.

Nachdem auch Adolf Hilsberg abtrünnig wurde, kam noch der jüngste Bruder, Kurt Hennig, von Leipzig nach England. Nun setzte sich das Trio aus den drei Brüdern zusammen.

Der Name Saxon hatte in der ganzen Welt einen guten Ruf. Viele Athletenklubs betitelten sich mit diesem Namen. In Philadelphia existierte sogar eine »Saxon-Super-System-Gesellschaft«, in der es Saxon-Hanteln, Saxon-Rundgewichte und Saxon-Kurse gab. Die Brüder Artur, Hermann und Kurt Hennig-Saxon ernteten Weltruhm.

Große Heiterkeitserfolge hatte das Saxon-Trio bei dem Trick mit dem ledernen Sack, der, mit Sand und Bleischrott gefüllt, mehrere Zentner wog, aalglatt war und von niemandem richtig gehoben werden konnte. Die Saxons setzten eine hohe Belohnung für denjenigen aus, der den Sack heben würde. Ganze Scharen starker Männer meldeten sich, doch keiner von ihnen hat es geschafft. Die Varieté- und Zirkusbesucher vermuteten in diesem normal aussehenden Sack nur gewöhnlichen Sand. Aber der Bleischrott erhöhte das Gewicht des Sackes derart, daß nur Artur dieses Kunststück fertigbrachte.

Neben vielen Ländern Europas bereisten die Saxons auch Amerika. Während einer ihrer ersten Vorstellungen in Amerika ereignete sich ein Zwischenfall. Ein Zuschauer sprang plötzlich von seinem Platz auf und rief: »Das ist Bluff! Die Kugelstange ist hohl!« Der Zuschauer war Eugen Sandow. Sandow überprüfte vor dem Publikum das Requisit, das Artur Saxon kurz zuvor mit Leichtigkeit gehoben hatte. Es war aber so echt, daß Sandow es kaum anheben konnte. Ja, Artur hatte sehr an sich gearbeitet und seine Leistungen gesteigert. Dieser fatale Irrtum Sandows war nochmals die beste Reklame für die Saxons. An diesem Abend tranken die Saxons einen Kasten Bier extra.

Eine besondere kraftakrobatische Zugnummer war »Die lebende Automobilbrücke«. Dabei hielten zwei der Brüder einen schweren Personenkraftwagen mit vierzehn Personen hoch, indem sie sich unter einer speziell konstruierten Brücke mit Schienen plazierten und diese Brücke auf dem Rücken liegend mit den Füßen balancierten. Jeder der drei Brüder konnte eine der zwei lebenden Brückenstützen darstellen. Das größte Gewicht, das sie insgesamt dabei hielten, betrug 3,8 Tonnen.

Trug ihr älterer Bruder aus der Rückenlage auf einer Bohle zweiundzwanzig Personen, so konnten Hermann und Kurt in Rückenlage auf den Füßen bis zu zwanzig tragen.

Hermanns größte Nummer war wohl die folgende. Er belastete in der Rückenlage seine nach oben gerichteten Hände und Füße mit je einem toten und einem lebenden Gewicht. Mit dem Rücken am Boden hob er zuerst eine 192,5 kg schwere Stange auf die geraden Arme, die er dann auf den Füßen ablegte. Danach wurde an jeden Fuß eine 75 kg schwere Kugel gehängt. Nachdem Kurt auf der Kugelstange Platz genommen hatte, faßte Hermann eine weitere 140 kg schwere Stange, drückte sie mit den Händen hoch und ließ seinen Bruder Artur sich darauf setzen. Anschließend nahm jeder der beiden Brüder noch ein Gewicht von 45 kg und drückte es in die Höhe. Hermann Hennig mußte also ein totes Gesamtgewicht von 612,5 kg plus dem lebenden Gewicht seiner zwei Brüder stemmen und balancieren.

Die drei Brüder gaben vor dem ersten Weltkrieg ihre letzte gemeinsame Vorstellung in der Stadt Newcastle in England. Artur starb 1921 in Duisburg. Die Brüder Hermann und Kurt bereisten weiterhin viele Länder. 1961 verstarb Hermann Hennig in Leipzig.

14

Zwischen zwei Weltkriegen

Der Ausbruch des ersten Weltkrieges unterbrach auch für den Zirkus eine Phase der Modernisierung, wie sie etwa um die Jahrhundertwende begonnen hatte. Sie war charakterisiert durch die völlige Anpassung der Zirkuskunst an die zeitgemäßen Formen der bürgerlichen Gesellschaft, eine Art »Kapitalisierung« der Zirkusse in geschäftsmäßiger Hinsicht und eine »Verbürgerlichung« der Artisten bis zur Gestaltung der Nummer und des Kostüms, ferner das Streben nach Rekordleistungen und Sensationsnummern. Der Krieg hinterließ im Zirkus verheerendere Folgen als in jeder anderen Kunstform. Fest engagierte Schauspieler wurden vom Frontdienst zurückgestellt. Aber für die Artisten gab es diese Möglichkeiten kaum. Sie wurden eingezogen. Viele von ihnen kamen auf den Schlachtfeldern Europas um, berühmte Truppen zerfielen. Das Arbeitsfeld war sehr eingeschränkt, an einen internationalen Artistenaustausch nicht zu denken. Den Zirkussen mangelte es nicht nur an Artisten, Personal und Futter für die Tiere, es wurden auch Tiere, besonders Pferde, für den Krieg requiriert. Viele dieser Unternehmen, als erste die großen, mußten deshalb geschlossen werden. Erst Jahre nach dem Kriegsende belebten sich die Varietébühnen und Zirkusmanegen wieder langsam.

Einige Varieté- und Zirkusunternehmen versuchten sich mit forcierter militärischer Propaganda über Wasser zu halten. In Deutschland verstärkte sich die Tendenz, Kraftakrobaten für chauvinistische Zwecke zu nutzen, indem man sie als »Übermenschen« und »Helden« feierte, sie zum Inbegriff des »Unbesiegbaren« machte. Die Benutzung kriegerischer Requisiten wie Bomben, Torpedos, Kanonen und Granaten war ja nicht neu, hinzu kamen nun »patriotische« Ansprachen an das Publikum.

**Auch Ordensschmuck
war bei Athleten beliebt**

Obwohl viele der Kraftakrobaten in diesem sinnlosen Krieg gefallen waren oder – wie beispielsweise Paul Spadoni – so schwer verletzt wurden, daß sie ihren Beruf nicht mehr ausüben konnten, gab es doch noch einen Teil, der überlebte und der Kraftakrobatik treu blieb, wie Alexander Sass, Gustav Grimm-Guss, Siegmund Breitbart, Sandwina und viele andere. Nach Beendigung des Krieges normalisierte sich das Leben allmählich. Nach und nach bekamen auch die Artisten wieder die Möglichkeit, vor Publikum aufzutreten. Einer von ihnen war der junge Tylla-Berry. Der am 22. November 1903 in Liegnitz, dem heutigen Legnica, geborene Fritz Paul Tylla kam durch seinen Vater, der in Hamburg als Schausteller sein Publikum unter anderem auch mit einem Flohzirkus unterhielt, mit dem Artistenmilieu in Berührung. Obwohl der kleine Fritz bei seiner Mutter in Schlesien aufwuchs, ließ er doch keine Möglichkeit aus, sich in gastierenden Zirkussen und Ringkampfbuden gründlich umzusehen, um danach deren Nummern nachzuahmen. Er lernte Geige spielen, beschäftigte sich mit der Zauberkunst, und mit fünfzehn Jahren begann er mit dem Expanderziehen und anderen kraftakrobatischen Übungen. Schon 1920 wurde Fritz Berufsartist und trat nun als Fritz Tylla-Berry der Internationalen Artistenloge (IAL) bei. Kurz nach seinem Umzug nach Chemnitz, dem heutigen Karl-Marx-Stadt, begann er im Zirkus Orient unter anderem, Pferde durch die Manege zu tragen. Zwei Jahre später, 1928, gelang es ihm im Zirkus Amerant erstmals, mit seinen Zähnen einen zwei Tonnen schweren Lastkraftwagen zu schleppen. Danach erhielt er Engagements in den Arenen der Zirkusse Althoff, Probst, Barum und Rowliers sowie in vielen Varietés. Tylla-Berrys Leistungen fanden weit über die heimatlichen Grenzen hinweg Anerkennung und Bewunderung.

Als das Chemnitzer Großvarieté »Chemnitzer Haus« 1936 in Konkurs geriet, führte es der Kraftakrobat Tylla-Berry eineinhalb Jahre

Tylla-Berry bog Vierkanteisen von 15 mm Stärke

lang kommissarisch weiter, bis sich ein neuer Käufer fand. Bei dieser Tätigkeit erhielt er von seinem Fachkollegen Paul Spadoni, dem ehemaligen Kraftjongleur und seinerzeitigen Artistenagenten, große Unterstützung.

In seiner Glanzzeit galt Tylla-Berry im »Strippenziehen« (dem Expanderziehen) als Zweitbester. Der Beste, so gibt der Artist noch heute neidlos zu, war seinerzeit der Kraftakrobat Tarzan.

Tylla-Berry zeigte auch zwischen zwei Pferden stehend den sogenannten »Pferdezug«, und er brachte einarmig drei Personen mit 160 kg oder Lasten bis 218 kg zur Hochstrecke. In der Brückenstellung ließ er auf seinem Körper sieben Männer auf einem Brett wippen, und er ließ auf seinem Kopf einen Steinbrocken mit dem Vorschlaghammer zertrümmern. Nach dem 2. Weltkrieg leitete er die Neugründung der IAL mit ein, die 1933 als Artistengewerkschaft verboten worden war. 1946 wurde Tylla-Berry die artistische Leitung des neu eröffneten Varietés Hallotria (ehemalige Zweininger Ballsäle) in Chemnitz übertragen, er trat aber auch selbst wieder als Artist auf. Er arbeitete mit Expandern, schweren Kugeln, Granaten und Ketten. Mit einem Partner zeigte er als »Zwei Helfrieds« eine komische Akrobatik. 1949 wurde er nach einer Gallenoperation invalidisiert, aber noch heute beweist er seine Kräfte beim Expanderziehen und Nägelverbiegen. Neben der überdurchschnittlichen Kraft ist dies vor allem eine Frage der Technik. So wird seiner Meinung nach eine Eisenkette nicht zerrissen, sondern zwei Glieder der Kette werden zuvor bis kurz vor die Bruchgrenze gebogen, wobei sie gegeneinander einen Hebelarm bilden. Gehärtete Kettenglieder seien leichter zu zerbrechen. Hufeisennägel können nicht in ihrer ursprünglichen länglichen Form so einfach verdreht werden, sondern müssen beim Verdrehen um ungefähr 90 Grad vom Nagelkopf abgewinkelt werden, um einen Hebelarm zu bilden. Dem Zuschauer sollen solche Details nicht auffallen. Und selbstverständlich muß man zum Halten des Nagelkopfes und Drehen des Schaftes noch eine außergewöhnliche Kraft aufbringen.

Der Meisterbalanceur Mr. Houtson zählte zu den Kraftakrobaten, die nach dem Vorbild der römischen Gladiatoren Wagenräder hochwarfen, wieder auffingen und damit balancierten.

Schon während der Jahrhundertwende gehörten die Kraftakrobatik-Äquilibristik-Tricks der Manello- und Marnitz-Truppe zu den führenden Zirkus- und Varietédarbietungen. Karl Krumbholz (1870–1949) und Eduard J. van de Velde (1873–1942) gründeten diese Truppe. Van de Velde war auch Gründungsmitglied der im April 1901 ins Leben gerufenen Internationalen Artistenloge (IAL),

Die Schwergewichtsriege des Berliner Sportvereins Ost
um 1930 beim Heben

des ersten freigewerkschaftlichen Zentralverbandes der Vortrags-
künstler und Artisten.

Die von Herta Wünsch (1892–1963) gegründete Akrobatentruppe
Romanos gehörte lange Zeit zu den begehrtesten Gruppen der Artistik. Die Romanos setzten sich aus dreizehn bis fünfundzwanzig
Personen zusammen und zeigten hervorragende Kolonnentricks.
Vor ihren Darbietungen huldigten die Gladiatoren – wie ehemals
im Römischen Reich den Cäsaren – hier der Berlinerin Herta
Wünsch. In der Kolonnenakrobatik war zu jener Zeit auch die von
dem Manager E. Hausmann geleitete Sandwich-Triballo-Truppe
sehr populär.

Der Sohn eines Schuhmachers in Hals, Josef Lindinger
(1881–1945), begann bereits in jungen Jahren mit der Kraftakrobatik. Er spezialisierte sich auf das Jonglieren mit unterschiedlichen
Gegenständen von unterschiedlichem Gewicht. Unter dem Künstlernamen Heros fing er aus großer Höhe Eisenkugeln im Genick auf,
die dann über den Oberkörper bis zu den Händen ausrollten. 1936
setzte er sich zur Ruhe und übte bis 1945 das Amt eines ehrenamtli-
chen Bürgermeisters in Hals aus.

Typisch für die Zeit nach dem ersten Weltkrieg waren die »2 Si-
dis« aus Berlin. Sie jonglierten und balancierten weiterhin mit Gra-

121

Die Romanos-Truppe

naten, Kugeln und präparierten Geschützen. Auch Frank Eders, Milo Barus und Henry Smith stellten sich mit Torpedos, Granaten und anderen militärischen Requisiten vor. Barus balancierte 135 kg schwere Torpedos mit den Zähnen.

Der Österreicher Henry Smith (Heinz Marko) stattete die ganze Bühne mit diversen Waffen aus. In der Uniform eines Marinekapitäns balancierte er eine Lafette auf dem Kinn. In einer Art Rhönrad ließ er über seinem Kopf eine Eisenkugel rotieren. Den Abschluß seiner Darbietung bildete das Auffangen einer Zentnergranate, die aus einer Kanone abgefeuert wurde, mit seinen nur durch ein Lederpolster geschützten Armen. Captain Henry Smith reiste mit dieser Nummer bis Anfang der fünfziger Jahre.

Frank Eders, der Sohn eines Wiener Buchhändlers, arbeitete im komischen Stil als »lachender Herkules«. Er jonglierte gleichzeitig mit Holzhammer, Metallkugel und einem Papierkügelchen. Sein Originaltrick war das Auffangen einer 40-kg-Stahlkugel mit dem Brustkorb, aber er fing auch eine 250 Pfund schwere Granate mit dem Genick, nachdem er sie selbst mit einer Wippe hochgeschleudert hatte.

Anfang der fünfziger Jahre zog er sich vom Varieté zurück, er starb, als einer der berühmtesten Artisten Österreichs, 1962.

In den zwanziger Jahren unseres Jahrhunderts avancierte Siegmund Breitbart zum großen Star, der bald nachgeahmt wurde. So bog M. O. Achilles ebenfalls in Gladiatorentracht Stahlprofile. Auch einige »stärkste Männer der Welt« und »stärkste Frauen« traten in Erscheinung. Einer von ihnen war der »Weltmeister Atlas« (Hermann Görner). Er trat des öfteren im Leipziger Varieté »Drei Linden« auf. Dieses Varieté diente den Leipzigern nach dem zweiten Weltkrieg als Opernhaus und ist heute die »Musikalische Komödie«. Manchem älteren Leser mag Samson, The German Lion (Paul Papke, 1884–1961) noch gut in Erinnerung sein. Er wurde gemeinsam mit Heinz Rühmann auf einem Filmstreifen festgehalten. Der Kraftakrobat besaß in den dreißiger Jahren mit seinem Bruder Max in Berlin einen Zirkus.

1925 forderte die amerikanische Fachzeitschrift »Muscle Builder« im Septemberheft ihre Leser wie folgt auf: »Auch Sie können Ihren Körper mit dem STRONGFORTISMUS, der geheimnisvollen Wis-

Heinz Marko alias Henry Smith

Frank Eders, der humorvolle Kraftjongleur

senschaft von Gesundheit und Kraft, verbessern. Schreiben Sie noch heute an ...!« Bezug wurde dabei auf keinen anderen als den Kraftakrobaten Lionel Strongfort aus Newark, New Jersey, genommen. In fast allen größeren amerikanischen und europäischen Städten zeigte Lionel Strongfort seine »menschliche Brücke«, wobei er in Brückenstellung eine Brücke von etwa 680 kg trug, über die ein Automobil mit sechs bis sieben Personen fuhr. Das Gesamtgewicht der Brücke und des Autos einschließlich Insassen soll mehr als 3,5 Tonnen betragen haben.

Die Saxons hatten Jahre zuvor mit ihrer Zugnummer »Die lebende Automobilbrücke« zu zweit ein Gesamtgewicht von 3,8 t balanciert.

THE HUMAN BRIDGE!

As Performed
by LIONEL
STRONGFORT

Lionel Strongforts »Brücke« stellte eine einzigartige Leistung dar. Er hielt auch den Weltrekord im einarmigen Gewichtheben: Er hob 312 pound (= 140,5 kg) einarmig über seinen Kopf.

Zu der Zeit, als Charlotte Rickert als die stärkste Frau der Welt firmierte, galt der Sachse Rudi Klär als stärkster Mann der Welt. Rudi Klär ist ein weiterer Beweis dafür, daß ein Mensch bei vernünftiger Lebensweise und zielbewußtem Training noch bis ins hohe Alter großartige kraftakrobatische Leistungen vollbringen kann. Mit sechzig Jahren jonglierte er noch mit 90 kg schweren Hanteln. Als Höhepunkt seiner Darbietung ließ Klär auf einem Balken, den er auf seinen Beinen balancierte, zwölf Männer 3 Minuten lang schaukeln.

Der Berliner Lokal-Anzeiger schrieb im Mai 1926 über das »Kraftwunder« Lichterfeld aus Oranienburg:

»In der Tat geht das, was das Kraftwunder Lichterfeld leistet, weit über das übliche, was man in den letzten Jahren von sogenannten Eisenkünstlern sah, hinaus; seine Leistungen mit Patentketten von 7 bis 9 mm Stärke sowie das Biegen und Zerbrechen von Eisenteilen verdunkeln sogar den Ruhm des verstorbenen Eisenkönigs Siegmund Breitbart. Sein Auftreten im Zirkus Busch Berlin sichert ihm Ruf und Renommeé ...«

Die Dresdner Neuesten Nachrichten berichteten 1927:

»... Wie erinnerlich, sprang Lichterfeld im Mai d. J. in Berlin gefesselt mit 2 Zentnern Eisenbelastung in die Spree. Er sprengte unter Wasser die Kette in 26 Sekunden viermal ...«

Helmut Lichterfeld hatte in der Tat in seinem fast zweistündigen Programm erstaunliche Leistungen zu bieten.

Zur gleichen Zeit annoncierte Fridolin König mit seiner Partnerin als Eisenkönig und Kettensprenger. Seine nicht minder kraftvolle Partnerin firmierte als »lebendes Karussell«.

1928 veröffentlichte der Kraftakrobat Paul Siller eine Broschüre unter dem seltsamen Titel »Wie ich wurde!«. Darin nennt der ehemalige Metzgergeselle Siller unter anderem seine Leistungen während der zahlreichen Auftritte im In- und Ausland:

1. Ich ziehe eine Straßenbahnfeder.
2. Ich biege und schlage ein U-Eisen über dem Kopf krumm.
3. Ich hebe drei Männer mit einer Hand.
4. Eine Wagenfeder von 15 Stahlplatten biege ich vollständig zusammen.
5. Fels- und Granitsteine zertrümmere ich mit bloßer Hand.
6. Einen fünfzölligen Nagel schlage ich mit der freien Hand in einem Schlag durch eine zwölfzöllige Bohle.
7. Ein mit zwei Personen besetztes Karussell halte ich auf dem Kopf.

8. Eine amerikanische D-Zug-Feder mit 28 Zentner Vorspannung ziehe ich von 38 cm auf eine Länge von 1,4 m.

9. Zwei mit der größten Zugleistung arbeitende Automobile halte ich mit meinen Armen fest, damit sie nicht von der Stelle kommen.

Als Sensationsartist und Kraftakrobat wurde in den zwanziger Jahren Cliff Aeros (Julius Jäger, 1889–1952) bekannt, der spätere Gründer des Zirkus Aeros. Er begann seine artistische Karriere 1923 mit dem Todessprung auf einem von ihm konstruierten Sprungapparat, der aus einem Turm von 24 m Höhe und vier verschiedenen Gleitbahnen bestand. Drei Jahre später baute er eine Kanone, aus der er sich schießen ließ, um in einem Trichter zu landen. Daneben trat er aber auch mit Krafttricks auf. So ließ er sich bei einem Gastspiel in Spa-

Fridolin König

129

**Cliff Aeros, Sensationsartist, Kraftakrobat,
Dompteur und später Zirkusdirektor**

nien beispielsweise in einer Stierkampfarena von einem mit zehn
Personen besetzten Lkw überfahren. Er schlug zwei Nägel gleichzeitig mit der bloßen Hand durch ein 3 cm starkes Brett und bog die Na-
gelspitzen um. Auch 5 cm dicke Holzplanken der Stierkampfarena
durchschlug er mit einem Nagel.

1929 wechselte er von der Sensationsartistik zur Raubtierdressur,
1941 baute er mit seiner jungen Frau Babette Belli einen eigenen
kleinen Zirkus auf, der nach dem Krieg große Bedeutung erlangte
und heute noch als Betriebsteil des Staatszirkus der DDR den Namen Aeros trägt.

John Herbert Mann hob 1925 als Fünfjähriger 14 pound (6,3 kg)
mit den Zähnen. Später schaffte er 27 kg, sprengte Ketten und hob
schwere Lasten.

Der in den zwanziger Jahren in vielen europäischen Ländern und den USA begonnene Wandel von der bloßen Demonstration der Krafttricks zu ästhetisch wirksameren Übungen mit Partnern reichte bis in die dreißiger Jahre. Während dieser Zeit war eine sprunghafte Zunahme von kraftakrobatischen Paaren und Gruppen neuen Stils zu verzeichnen, die vorwiegend im Varieté auftraten. Zwar gab es auch noch Kraftakrobaten, die in alter Manier und mit toten Gewichten arbeiteten, doch sie waren eindeutig in der Minderzahl. Stellvertretend für die große Zahl der Kraftakrobaten neuen Typs sollen nur einige genannt werden, deren Nummern besonders beliebt waren: die »5 Carras«, »Lamberts Wunder«, »3 Porallos«, »2 Helias«, »2 Totilas«, »3 Randolfs«, »3 Gutis«, »2 Terwedos«, »3 Jäneke« (Luftnum-

Ellen Kauer und Partner

mer), »4 Percelip«, »Hungaria-Truppe, »Trio Roth«, »Original 8 Romeos«, »3 Roderos«, »Flacoris« (Zahnhang), »Ellen Kauer und Partner« (Zahnkraft) und »Original Dierskes«.

Bei den aus Sachsen stammenden »5 Carras« trug ein Untermann vier Athleten, zwei hingen waagerecht gestreckt an seinen Schultern, einen nahm er im Handstand auf die emporgestreckten Arme, und der letzte legte sich um seinen Bauch.

Eine Sonderstellung auf dem Gebiet der akrobatischen Äquilibristik nahm um das Jahr 1938 ein Artistenehepaar in Deutschland ein, das unter dem Namen »Lamberts Wunder« auch an internationalen Varietés gastierte. Die Frau arbeitete als »Untermann«. Sie vollbrachte diese schwere Arbeit mit so unnachahmlicher Grazie und Eleganz, mit so spielerischer Leichtigkeit und weiblichem Charme, daß es eine wahre Freude war, diesen beiden Akrobaten bei ihrer Darbietung zuzusehen. Abgesehen von einem angeborenen Talent, erfordern solche Leistungen ununterbrochenes Training. Aber die Lamberts haben außerdem bewiesen, daß Artisten mit solchen Kraftleistungen durchaus nicht mit unförmigen Muskelpaketen bepackt

sein müssen, sondern daß es selbst einer zierlichen Frau aufgrund eisernen Trainings gelingen kann, schwierigste kraftakrobatische Arbeit zu leisten, ohne dabei auch nur das Geringste an weiblicher Anmut einzubüßen. Gerade dieser Gegensatz machte die Darbietungen der beiden Akrobaten zu etwas Besonderem.

Die Machtübernahme durch die Nationalsozialisten 1933 in Deutschland blieb natürlich auch auf die Artistik nicht ohne Einfluß. Die Internationale Artistenloge, die in den vergangenen drei Jahrzehnten eine wirklich progressive Rolle gespielt hatte, wurde »gleichgeschaltet«, ihre Führer abgelöst, zum Teil verhaftet. Wer von den Artisten sich nicht dem braunen Zwang fügte, mußte ins Ausland gehen oder wurde verfolgt. Auch die »Arisierung« der Artisten forderte viele Opfer, eine künstlerische Verarmung und Einengung des artistischen Spektrums war die Folge. Obwohl die Nazis die Kraftakrobatik – unter dem Aspekt des germanischen Heldenideals – gern sahen, verlor sie aus den genannten Gründen ebenso wie die gesamte deutsche Zirkuskunst in jener Zeit an Bedeutung. Der zweite Weltkrieg schließlich riß große Lücken in die Reihen der Artisten, zum Kriegsende lagen Zirkus und Varieté völlig am Boden und konnten sich in den Nachkriegsjahren nur mühevoll wieder aufrappeln. Die Zeiten der großen Kraftakrobaten schienen vorüber.

15

Der Eisenkönig
Siegmund Breitbart

Im polnischen Łódź lebte der jüdische Schmied Izchak Kowol, der in der Stadt für seine Körperkraft bekannt war.

Am 22. Februar des Jahres 1893 bekam die in ärmlichen Verhältnissen lebende Familie Zuwachs, Sohn Siegmund wurde geboren. Dieser zeigte bereits in den frühen Jugendjahren eine so ungewöhnliche Kraft, daß selbst die extrem starken Familienmitglieder staunten. Und doch konnten die Eltern damals noch nicht ahnen, zu welchem in der ganzen Welt berühmten Kraftathleten ihr jüngster Sohn sich entwickeln würde.

Siegmund arbeitete bereits als vierjähriges Kind fast täglich mehrere Stunden in der Schmiede mit. Er hielt dem Vater die Zange mit dem glühenden Eisen, welches mit großen Schmiedehämmern bearbeitet wurde, bediente den Blasebalg zum Anfachen des Schmiedefeuers oder trug schwere Stahlprofile herbei.

Als zehnjähriger Junge verstand es Siegmund schon, mit dem Hammer Hufeisen, Radreifen oder anderes selbständig anzufertigen. Er schaute oft stundenlang zu, wie die Arbeiter glühendes Eisen verformten, wie Pferde beschlagen wurden und wie abkühlende Stahlreifen Wagenräder zusammenzogen. Als der Sechsjährige in die Thora-Schule kam, war er als Sohn armer Eltern anfangs der Prügelknabe, bis er sich durch seine Körperkräfte bei Lehrern und Mitschülern Respekt verschaffte. Er trat für die ärmeren und schwächeren Jungen ein. Unter anderem setzte er auch durch, daß jeder Mitschüler, der Frühstücksbrote mitbrachte, diese mit den Ärmeren teilen mußte. Aber es dauerte nicht lange, und mehrere Eltern forderten energisch, daß der Junge des Schmieds die Schule verlassen müsse, da sie sonst ihre Kinder aus der Schule nehmen würden. Der Lehrer mußte diesem Drängen nachgeben und warf Siegmund aus der Schule. Der Vater lachte nur darüber und war froh, daß er kein Schulgeld mehr zu zahlen brauchte und sein Sohn bei ihm in der Schmiede arbeiten konnte. Die Mutter teilte diese Haltung nicht. Sie glaubte an gute geistige Anlagen ihres Sohnes und setzte sich für weitere Schulbesuche ein. Sie hatte den Wunsch, daß Siegmund einmal Rabbiner werden sollte. Die Mutter klagte einem Rabbiner ihr Leid, und der erreichte schließlich, daß ihr Sohn an einer anderen Schule aufgenommen wurde.

Siegmund träumte davon, so stark wie der biblische Simson zu werden, versäumte keine Schulstunde und lernte fleißig, bis ihm seine Stärke wieder zum Verhängnis wurde. Ein älterer Junge prahlte mit seinen Kräften und forderte ihn heraus. Siegmund nahm einen eisernen Ofen, der mit brennenden Kohlen gefüllt war, und drohte, diesen nach dem Jungen zu werfen, der ihn provoziert hatte. Das Vorkommnis genügte den reichen Eltern des Jungen, und Siegmund mußte auch diese Schule verlassen. Mit diesem Abgang war jeder weitere Versuch, an einer anderen Schule dieses Ortes aufgenommen zu werden, zwecklos.

So arbeitete Siegmund nun täglich vom frühen Morgen bis zum Abend in der väterlichen Schmiede. Er träumte davon, ein zweiter Simson zu werden, zum Zirkus zu kommen und als Kraftmensch berühmt zu werden.

Als er an einem Sommertag erfuhr, daß ein kleiner Zirkus die Stadt besuchen würde und daß in ihm auch Athleten Kraftakte zeigten, wäre er gern in den Zirkus gegangen, aber dazu war seine Kleidung nicht gut genug und die Eintrittskarte zu teuer. So lungerte er nur sehnsüchtig bei dem Zirkus herum, als keine Vorstellung war. Völlig unerwartet stand der Zirkusdirektor vor ihm und fragte: »Was willst du denn hier, mein Junge?« Siegmund wollte erst weglaufen, faßte dann aber Mut und antwortete: »Ich sehe mir die Gewichte an, ich wäre in der Lage, diese mit einer Hand hochzuheben.« Der Direktor musterte ihn geringschätzig lächelnd: »Nun komm rein und zeige, was du kannst, aber wenn du mich zum Narren hältst, werde ich dir ein paar überziehen.«

Siegmund bereute seine Dreistigkeit schon. Doch dann nahm er zwei Gewichte, band sie mit Draht zusammen und stemmte sie mit einer Hand vor dem verdutzt zuschauenden Direktor hoch. »Wie alt bist du denn, Bengel?« – »Vierzehn Jahre!« antwortete er voller Stolz. »Wirklich nicht älter, und da hast du schon solche Kräfte?« – »Ich kann noch größere Kraftakte zeigen, und wenn Sie mich in Ihrem Zirkus auftreten lassen, können Sie viel Geld verdienen.« Daraufhin lachte der Zirkusbesitzer laut: »So ein Junge, barfuß, abgerissen, will bei mir im Zirkus auftreten? Bei mir kann ich nur Artisten beschäftigen, die wirkliche Künstler und gebildet sind, denn zu mir kommen viele reiche und vornehme Leute. Ein anderer Zirkus hätte dich bestimmt sofort aufgenommen. Mit so einem Jungen, der solche Kräfte besitzt, mit dem kann man schon etwas anfangen. Es ist nur eine Schwierigkeit, ich kann jetzt keinen neuen Artisten einstellen. Du bist noch sehr jung und mußt dich deshalb noch etwas gedulden. Laß dich nach einem Jahr wieder bei mir sehen.« Siegmund fühlte sich wie ein begossener Pudel. Er war sich schon so sicher gewesen, im Zirkus anzukommen, und wurde nun so kläglich weggeschickt.

In der darauffolgenden Nacht warf er sich, ohne Schlaf zu finden, in seinem Bett herum. Dabei wiederholte er jedes Wort des Zirkusdirektors mehrfach. Ein Jahr Wartezeit konnte er nicht aushalten! Es mußte doch noch einen anderen Zirkus geben.

Eines Tages war es dann soweit, ein anderer Zirkus gastierte in der Stadt. Siegmund stand zeitig auf und begab sich auf den Weg. Da sämtliche Eingänge noch verschlossen waren, setzte er sich auf einen Baumstumpf neben den Zirkushaupteingang und wartete. Ein gut gekleideter und kräftiger Mann öffnete plötzlich das Tor und fragte, was er hier treibe.

Siegmund erklärte, daß er als Kraftathlet zum Zirkus gehen wolle. Der Mann, den Siegmund für den Direktor hielt, forderte den Jungen auf, eine Probe seines Könnens zu geben. Er führte ihn in einen Raum, in dem Eisenteile, Gewichte und andere Utensilien umherlagen, und verschloß die Tür von innen. Dann nahm er einen dicken Draht von der Wand und sagte: »Ich binde jetzt deine Hände mit diesem Draht zusammen. Wenn du innerhalb einer Stunde den Draht auseinanderreißt, soll das der Beweis sein, daß du wirklich stark bist. Du könntest dann im Zirkus auftreten.«

Der junge Schmied sah sich den Draht an und schätzte ein, daß er ihn mit etwas Anstrengung aufbiegen oder zerreißen könnte. Er er-

Siegmund Breitbart

klärte sich mit der Prüfungsaufgabe einverstanden. Der Mann legte ihm den Draht mehrmals um die Hände herum und verdrehte die beiden Enden so stark, daß Siegmunds Arme weh taten. Nun nahm der Mann eine Peitsche von der Wand, warf Siegmund zu Boden und schlug mit aller Kraft auf ihn ein. Siegmund verstand das Ganze nicht und kam das erste Mal in seinem Leben vor Angst völlig durcheinander. Jeder Versuch, die fest verschlungenen Hände zu befreien, schien zwecklos. In seiner Wut und Verzweiflung biß der Junge die Eisendrähte einzeln durch. Als seine Hände frei waren, stand er schnell auf, riß dem Mann die Peitsche aus den Händen und schlug auf ihn ein, bis dieser hinfiel und sich schreiend krümmte. Auf den

Lärm hin waren viele Zirkusleute zu der Kammer geeilt. Einer von ihnen, ebenfalls gut gekleidet und mit vielen Brillantringen an den Fingern, fragte Siegmund, was hier passiert sei. Der begriff, daß er es nun mit dem wirklichen Direktor zu tun hatte. Der Mann, der ihn verprügelt und verhöhnt hatte, war einer der Athleten des Zirkus. Der Direktor hörte sich Siegmunds Bericht an und auch seinen Wunsch, als Kraftathlet beim Zirkus engagiert zu werden. Wie der andere Direktor vertröstete auch er ihn auf einen späteren Zeitpunkt.

Siegmund fiel jedoch ein, daß am Abend, wenn der Athlet auftrat, angekündigt wurde, daß jeder, der ihn auf die Schultern lege, 25 Rubel erhalte.

Alle Zuschauer glaubten, der Athlet sei unvergleichlich stark. Keiner hatte bisher den Mut aufgebracht, mit ihm zu ringen. Siegmund wußte nun aber die Wahrheit um die Stärke des Athleten. Deshalb beschloß er, sich als Gegner des Athleten zu melden, um sich zu rächen und den Preis zu erringen.

Der Zirkus machte auf Siegmund schon beim Betreten des Zeltes einen großen unvergeßlichen Eindruck. Die Scheinwerfer, die roten Uniformen des Zirkuspersonals, die blitzenden Instrumente im Orchester und die sonstigen Effekte benebelten ihn. Hinzu kam noch das Angstgefühl, einem Kontrolleur in die Arme zu fallen, denn er hatte keine Eintrittskarte. Ein Mann im Eingang hatte ihn gegen drei Kopeken Handgeld »schwarz« hineingelassen. Endlich begann das Programm mit einem auf den Händen hereintanzenden Clown, der Hörner am Kopf trug und sehr verrückt gekleidet war. Es folgte eine ganze Reihe von Auftritten. Siegmund interessierte das Geschehen zwar, aber er wartete mit großer Spannung auf den Athleten. Schließlich begann das Orchester einen Marsch zu spielen. Der Schwerathlet marschierte, stolz seine Muskeln spielen lassend, in die Arena. Nachdem er sich nach allen Seiten verneigt hatte, zeigte er einige Tricks, so auch das Stemmen schwerer Gewichte und das Tragen von mehreren Menschen. Nach diesen Vorführungen stellte sich der Sprechstallmeister neben ihn und rief: »Wertes Publikum! Sie haben alle die Kraft des Herrn K. sehen und bestaunen können. Jetzt möchte Herr K. beweisen, daß er ohne Konkurrenz ist. Wer von Ihnen ist bereit, mit ihm zu ringen? Derjenige, der Herrn K. auf die Schultern legt, erhält eine Belohnung von 25 Rubel.« Im Publikum herrschte einige Minuten Totenstille. Der Sprecher und der Athlet waren schon fest davon überzeugt, daß alles wie gewohnt ablaufen würde. Voller Triumph begann der Sprechstallmeister: »Keiner riskiert es? Sehen Sie, meine Herrschaften, das ist der beste Beweis dafür, daß Herr K. der Stärkste ist!« Doch in diese letzten Worte fiel Siegmund ein: »Ich will mit ihm ringen!«

Ein Raunen ging durch die Menge. Mit ein paar Sprüngen lief Siegmund zur Piste und übersprang sie. Das Publikum war voller Spannung. Der Athlet knirschte mit den Zähnen, denn er erinnerte sich noch sehr gut an den Jungen, der da neben ihm stand. Auch der Sprecher kannte den Vorfall mit der Peitsche und sah etwas blaß aus. Nach kurzer Beratung mit dem Athleten verkündete er schließlich: »Der weltberühmte Artist Herr. K. findet es unzumutbar, gegen diesen abgerissenen Jungen zu kämpfen.« Im Zuschauerraum rief man: »Kämpfen! Nicht herausreden!« Im Zirkus entstand ein Tumult. Der Zirkusdirektor erschien, stimmte sich mit dem Athleten ab und ging mit ihm hinaus. Plötzlich erschienen zwei Polizisten und versuchten, Siegmund wegzubringen. Daraufhin tobte das Publikum, und die Polizei wurde bedroht. Der Sprechstallmeister trat wieder in die Manege und hob die Hand, als Zeichen, daß er etwas bekanntgeben wolle. Nachdem das Publikum verstummt war, begann er: »Hochverehrtes Publikum, der weltberühmte Herr K. wollte deshalb nicht mit dem Jungen ringen, weil er die Befürchtung hatte, daß der Junge von seinen Händen zerdrückt wird. Auf Wunsch des Publikums wird er jedoch mit dem Jungen kämpfen.« Und er setzte hinzu: »Der Athlet befürchtet aber bei dem Jungen eine Waffe. Deshalb müssen wir darauf bestehen, den Jungen hinter dem Vorhang zu untersuchen.«

Siegmund wollte schon der Aufforderung nachgeben, ohne dabei einen Hinterhalt zu vermuten, als das Publikum lautstark forderte, daß die Untersuchung in der Manege stattfinde. Der Zirkussprecher mußte nachgeben. Man fand natürlich keinerlei Waffen, und das Publikum quittierte das mit lautem Gelächter. Nun stand dem Kampf nichts mehr im Weg, und es wurde offiziell verkündet: »Es kämpft der weltberühmte Athlet K. von Amerika gegen den Juden Siegmund Breitbart aus Łódź.«

Siegmund hat zuvor noch nie etwas von Kampftechnik gehört, er wußte lediglich, daß er den Gegner auf den Rücken legen mußte. Er hielt sich zurück und wollte Herrn K. beginnen lassen. K. zögerte anfangs ebenfalls. Plötzlich kam K. herangerannt, faßte einen Arm und drückte einen angewinkelten Ellenbogen gegen den Hals des Jungen, der daraufhin kaum noch atmen konnte. Siegmund drehte den Kopf ruckartig zur Seite und schlug K. dabei über die Handflächen. Daraufhin faßte K. den Jungen mit beiden Händen und warf ihn in die Luft, weit über sich. Siegmund saß nun in seinem Nacken. Schließlich schaffte er es, K. auf die Erde zu werfen. Sofort legte K. eine Hand unter die Schulter, so daß die Schultern nicht den Boden berührten. Der Junge riß mit letzter Kraft die Hand unter der Schulter vor. Dies wäre der Sieg gewesen, wenn K. nicht im gleichen Moment mit seinem anderen Arm den Hals des Jungen zu würgen begonnen hätte. Man rief: »Loslassen!« Er tat aber so, als ob er nichts höre, und drückte weiterhin den Hals zu. Siegmund schlug auf den Handrücken von K., bis dieser den Würgegriff löste. Nun kam es zu einer regelrechten Schlägerei, an der sich schließlich auch das Publikum beteiligte. Plötzlich ertönten Revolverschüsse, und mehrere berittene Kosaken bahnten sich einen Weg in die Manege. Die Schüsse verursachten ein panikartiges Gedränge an den Ausgängen.

Der Athlet, Siegmund und einige Herren aus dem Publikum wurden abgeführt und im Gefängnis gemeinsam in eine Zelle gesperrt. Nach mehreren Stunden wurden der Athlet und die anderen aus der Zelle nacheinander herausgerufen. Nur Siegmund blieb bis zum nächsten Morgen dort. Beim Verhör schilderte Siegmund den Verlauf des Kampfes. Da der Kommissar seine Fragen unter Anwesenheit des Zirkusdirektors und des Athleten K. stellte und auf die Antworten des Jungen kein Einspruch laut wurde, empfand der Kommissar einen gewissen Respekt vor der Kraft des Jungen. »Bist du wirklich so stark?« fragte er. »Ich kann Ihnen beweisen, daß ich die Wahrheit sage.« Siegmund sah sich im Raum um und entdeckte in der Ecke auf einem stabilen Eisentisch eine Kopierpresse. Er ging zu dem Tisch und hob ihn samt der schweren Presse mit einer Hand hoch. Der Kommissar rief begeistert: »Das ist wirklich ein Kraftakt. Aber wie machst du das überhaupt?« – »Das ist keine Kunst«, antwortete Siegmund mit einem triumphierenden Lächeln in Richtung des erstaunten Athleten. Er stellte den Tisch mit der Presse wieder an seinen alten Platz zurück und hoffte, daß der anwesende Athlet den gleichen Beweis führen müsse. Aber der Kommissar sagte nur noch: »Gut, wir werden sehen!« Nach drei Tagen wurde Siegmund wieder freigelassen.

Siegmund ging nun wieder seiner Arbeit in der Schmiede nach, und der eintönige Alltag wurde nur von einem Vorfall unterbrochen, der aber Einfluß auf seine ganze weitere Zukunft haben sollte.

Während eines Spaziergangs sah er einen Wagen kommen, dessen Pferde durchgegangen waren. Siegmund brachte die schäumenden Tiere mit großem Kraftaufwand und Geschicklichkeit zum Stehen. Nachdem sich die Pferde beruhigt hatten, wollte er weitergehen, denn er sah in seiner Tat nichts Außergewöhnliches und war der Meinung, daß jeder an seiner Stelle genauso gehandelt hätte. Die Geretteten, besonders eine noch blaß aussehende junge Dame, bedankten sich herzlich bei Siegmund, ihrem Lebensretter. Nach diesem Ereignis·kam die betreffende Dame öfter in die Schmiede, um mit Siegmund zu sprechen oder ihn bei seiner Arbeit zu beobachten. Sie versprach ihm ihre Unterstützung bei der Suche nach einer geeigneteren Beschäftigung und bot ihm sogar materielle Hilfe an. Aber Siegmund lehnte ab, er liebte seine Unabhängigkeit und wollte auch seine Eltern nicht verlassen.

Der Krieg brach aus; Siegmund diente anfangs in den technischen Einheiten, er stand weiter am Amboß und schmiedete Eisen für das Militär. Später wurde der Soldat Breitbart zu einer Pioniereinheit abkommandiert, wo er durch seine Hilfsbereitschaft sehr beliebt war. Die junge Dame kümmerte sich weiter um ihn, er erhielt regelmäßig Lebensmittelpakete, Wäsche und Geld.

Während der Kriegsjahre versetzte er seine Vorgesetzten und die Soldaten durch seine außergewöhnliche Kraft oft in Erstaunen. So hob er unter anderem eine im Morast steckengebliebene Kanone einseitig so an, daß diese mühelos von den Pferden weggezogen werden konnte. Als er in Gefangenschaft geraten war, kam Breitbart auch mit Athleten aus ganz Europa zusammen und erhielt in der Gefangenschaft sozusagen eine Art Grundausbildung für seine spätere Tätigkeit. Er erkannte bald, daß es nicht genügt, nur rohe Kraft zu besitzen. Er arbeitete an sich, war für jeden Tip dankbar und erreichte durch regelmäßiges Training größere Fähigkeiten.

Siegmund Breitbart

Nach seiner Entlassung aus der Gefangenschaft vollbrachte Breitbart weitere Bravourstücke. Seine wohlhabende Gönnerin überzeugte ihn davon, daß er nur in Amerika berühmt, reich und unabhängig werden könne, und sie erreichte seine Entlassung vom Militär sowie die Genehmigung für seine Auswanderung. Er gab ihrem Drängen nach, ließ sich von ihr ausstatten und begab sich auf die Reise.

Die ersten Monate in New York fühlte sich Breitbart durch die fieberhafte Geschäftigkeit des täglichen Lebens, die Unkenntnis der Sprache und des gesamten Milieus völlig fremd, unsicher und unwohl. Weil er durch seine Gönnerin zunächst materiell sichergestellt war, nahm er noch keine Beschäftigung auf, besuchte die in New York täglich mehrfach stattfindenden Ringkämpfe und Matchs und lernte einige Brocken Englisch. Er hatte zwar einige Empfehlungsschreiben aus Europa mitgebracht, jedoch halfen ihm diese nicht allzusehr. Er wurde mit einer lediglich kühlen Höflichkeit empfangen. Man glaubte den enthusiastischen Lobeshymnen auf die Kraft und das Heldentum des jungen Mannes nicht so recht. Die amerikanischen Ringer waren gewaltige muskulöse Gestalten. Auch wenn der Ankömmling Breitbart gut gebaut war und enorme Kräfte besaß, sah er doch, mit den amerikanischen Ringern verglichen, unansehnlich aus. So lebte er zunächst völlig zurückgezogen, widmete sich eifrig dem Englisch-Unterricht und nahm an einem Kursus für Körperertüchtigung teil. Morgens ging er zu den Übungen, später lernte er Englisch, dann kehrte er wieder zu den Übungen zurück. Die Abende benutzte Breitbart dazu, die Weltstadt New York kennenzulernen, von deren Anblick er immer wieder begeistert war.

Bei einem seiner allabendlichen Ausflüge geriet er aus Unkenntnis

Ein Werbeplakat

Eine Karikatur Breitbarts

der örtlichen Sitten in eine sehr heikle Lage. Breitbart ging in Gedanken versunken eine Straße entlang und bemerkte nicht, daß er versehentlich einen Herrn anstieß. Der Angerempelte beschimpfte ihn. Breitbart verstand jedoch kaum etwas von dem Wortschwall und schwieg. Dieses Schweigen empörte den Amerikaner noch mehr, so daß er seine Jacke auszog und auf Breitbart einzuboxen begann. Nun begriff dieser, daß es keineswegs Spaß war und er sich verteidigen mußte. Ein kräftiger Rückhandschlag genügte, und der aufgebrachte Amerikaner lag auf dem Gehsteig. Breitbart betrachtete die Angelegenheit damit als erledigt und wollte sich schon entfernen, als sich die Hand eines Polizisten auf seine Schulter legte. Im Polizeiamt erfuhr er, daß er wegen Schlägerei auf offener Straße angeklagt wurde. Hätte sich Breitbart an die Boxregeln gehalten, wäre ihm nichts passiert. In Amerika wird das Boxen von zwei Gentlemen auf dem Bürgersteig nicht als Schlägerei angesehen, sofern die Boxregeln eingehalten werden. Nur mit Rücksicht darauf, daß der Angeklagte Breitbart als zukünftiger amerikanischer Champion angesehen wurde, sprach der Richter ihn frei.

Nach diesem Vorfall blieb Breitbart nur noch so lange in New York, bis er sich auf Englisch verständigen konnte, ließ sich dann in einer kleinen Provinzstadt nieder und arbeitete wieder als Schmied.

Als in dieser Kleinstadt ein Wanderzirkus seine Zelte aufschlug, war Breitbart einer der ersten, der dessen Vorstellungen besuchte. Es schmerzte ihn sehr, daß sich alle seine Träume über Auftritte vor einem Zirkuspublikum nicht verwirklicht hatten. Und als nun ein renommierter Kraftmensch in die Arena trat, Eisenstangen verbog, Gewichte stemmte und sich nach seinen Darbietungen mit einer Aufforderung an das Publikum wandte: »Ich gebe jedem 100 Dollar, der mich im Ringen besiegt!«, meldete sich Breitbart aus einer der hinteren Reihen: »Ich nehme an!« Die Zuschauer und wohl am meisten der Athlet waren erstaunt über den Mut des so jungen, unauffälligen Mannes. Es wurde nur einige Minuten gerungen, dann gelang es Breitbart, den Athleten nach den gültigen Regeln auf den Rücken zu legen. Ein Beifallssturm brach los, und Siegmund Breitbart wurde auf der Stelle am Zirkus engagiert. Dies war die Erfüllung seiner sehnlichsten Wünsche und stellte eine Wende in seinem Leben dar. Seit diesem Ereignis führte sein Weg steil nach oben. In kurzer Zeit war er in den USA und wenig später in der ganzen Welt bekannt.

Breitbart zeigte vielseitige Kraftleistungen. So bog er unter anderem mühelos mit seinen Händen in verblüffender Schnelligkeit Gitterornamente aus Eisenstangen, deren Durchmesser 7,5 mm betrugen. Trotz seines sagenhaften Erfolges blieb er ein ruhiger, bescheidener und hilfsbereiter Mensch. Die Zeitungen überschlugen sich beinahe mit Lobeshymnen auf den Publikumsliebling Breitbart.

Breitbart hob auch zwei Pferde gleichzeitig, zerriß 4 mm dicke Eisenketten und ließ sich mit ungeheuren Massen belasten. Diese Massen wurden ihm zum Teil auf die Brust gelegt, während er mit entblößtem Rücken auf einem Nagelbrett lag. Am Schluß seiner Darbietungen zeigte er oft, wie er allein, auf dem Rücken liegend, ein sich drehendes Karussell mit mehreren erwachsenen Menschen trug.

Später modernisierte Siegmund Breitbart diese Szene, indem er eine runde Bodenplatte trug, auf der Motorräder im Kreis fuhren.

Eine Spezialität waren seine Zahnkrafttricks: Er zerbiß Ketten und Geldstücke und hielt mit den Zähnen ein Seil, das von vier Pferden straff gezogen wurde und auf dem sieben Männer saßen. Der »Eisenkönig« war nun zu einem sehr begehrten Kraftakrobaten geworden, der auch in vielen Ländern Europas Erfolge feierte.

Im New-Yorker »Times Square« zeigte sich während dieser Zeit die berühmte Kraftartistin Marta Farra mit einer Nummer, die darin gipfelte, einen ausgewachsenen Elefanten auszuheben. Sie betrat dabei ein Gerüst und legte sich Lederriemen über ihre Schultern, an denen Ketten befestigt waren. An den Ketten hing unter ihr eine stabile Plattform, auf die der Elefant geführt wurde. Marta Farra stützte sich mit den Händen auf ein eisernes Geländer, spannte mit sichtbaren Anstregungen die Ketten – und der Elefant hob sich einige Zentimeter vom Boden. Diese Nummer wurde oft mit Erfolg vorgeführt, bis eines Tages ein Mechaniker aus dem Publikum zum Gerüst ging und dabei feststellte, daß daran nicht alles ganz in Ordnung war. Er verschob die Ketten und kehrte auf seinen Platz zurück. Das Ergebnis war für Marta Farra fatal, denn der Elefant bewegte sich nicht einen Millimeter nach oben. Die Amerikaner verstehen in solchen Dingen keinen Spaß. Man war nicht weit davon entfernt, die Artistin zu lynchen.

Siegmund Breitbart, der bei dieser Vorstellung zufällig anwesend war, verhinderte einen größeren Skandal und rettete die peinliche Situation. Er verließ seine Parterreloge, übersprang die Piste, stellte sich in die Manege und deutete durch das Hochhalten seiner Hand an, daß er etwas sagen wolle. Die Amerikaner erkannten ihren Favoriten, und es trat Stille ein. »Ich bin bereit, Miß Marta Farra zu vertreten. Einverstanden?« – »Einverstanden!« kam es in mehrstimmigem Chor zurück. Einige Male probierte er den richtigen Sitz der Riemen und korrigierte seine Stellung, schließlich krümmte er sich wie ein Bügel, stützte sich dabei mit seinen stählernen Armen auf dem Geländer ab und streckte das Genick. Von Hochrufen begleitet, hob er den Elefanten in die Luft. Diese Vorstellung endete mit Ovationen für Siegmund Breitbart.

Siegmund Breitbart war ein frommer Jude, der seine Villa mit vielen hebräischen Sprüchen geschmückt hatte und seine jüdische Herkunft nie verleugnete. Die verfolgten und in ihrer Menschenwürde so oft beleidigten Juden sahen in ihm einen modernen Simson, der ihnen Mut und Ansporn gab und für dessen Erfolg sie in den Synagogen beteten.

Seine Freizeit nutzte Breitbart zur ständigen Verbesserung seiner Nummern, und er entwickelte sich zum einfallsreichen Showman.

Im Septemberheft der USA-Zeitschrift »Muscle Builder« warb er 1925: »Ich beiße mich durch schwere Ketten! Hebe mit meiner Brust 4000 lb (entspricht 1814,4 kg). Schlage Nägel durch 5-Zoll-Wände (5 Zoll = 125 mm)! Biege mit bloßen Händen ¾-Zoll-Hufeisen! Auch Sie können dies erlernen und bald der Mensch sein, der Sie schon immer sein wollten. Meine Geheimmethode kann die Ihre werden, fordern Sie mein Buch MUSKELKRAFT und den MUSKELMETER an!«

Leider waren die schönen Jahre seines Triumphes nur kurz. Während eines Auftritts 1925 in Berlin trieb der »Eisenkönig« Siegmund Breitbart, wie oft zuvor, mit seiner Faust einen großen Nagel durch eine Holzbohle. Er verletzte sich an dem rostigen Nagel so, daß er eine Blutvergiftung bekam und daran einige Tage später, am 12. Oktober 1925, in der Berliner Charité starb.

Seine Kraftnummern wurden noch einige Jahre von seinen Brüdern Hermann und Josef einzeln weitergeführt, bis sie emigrieren mußten.

16

Dresdens »Goldener Mann«
Ewald Redam

Bekannt in aller Welt ist Dresdens »Goldener Mann«, der »Rathausmann«. Den ausgestreckten rechten Arm schützend über die Stadt haltend, über der er zugleich das Füllhorn ausgießt, steht der 4,90 m hohe Nackte, aus Kupferblech getrieben und vergoldet, weithin leuchtend auf dem Rathausturm. Sein Kopf – das erfährt der Tourist noch – enthält eine Bleikassette mit Urkunden und Münzen.

Die berühmte Figur wurde 1908/10 von dem Dresdner Künstler R. Guhr geschaffen – nach einem lebenden Modell. Die wenigsten allerdings wissen, daß dieses Modell der »Athlet mit der Idealfigur« Ewald Redam gewesen ist, ein »Kraftakrobat modernen Stils«, der in den ersten Jahren unseres Jahrhunderts namentlich am Varieté auftrat. Auf diese Weise also ist Redam verewigt worden, und – Dresden steht unter dem Schutz eines Artisten!

Arthur Ewald Redam wurde am 29. April 1884 in Beiersdorf geboren. Seine Eltern betrieben in Meißen ein Gemüsegeschäft, und der Sohn sollte ihnen darin folgen. Ihn jedoch zog es zum Sport. Im »Verein für Sport und Körperkultur 1899« in Meißen trainierte er Kraftsport und wurde zu einem bekannten Schwerathleten, der auch einige Meistertitel errang. Nach der Jahrhundertwende ging sein Stern am Varietéhimmel auf: Mit seinen blendend entwickelten Muskeln trat er vors Publikum und zeigte eine artistische Arbeit, die längst in Vergessenheit geraten ist (allerdings in der Kulturistik ihre moderne Entsprechung hat) – Muskelspiele. Allzuviel scheint das aber nicht eingebracht zu haben, denn zu dieser Zeit fand man Redam auch an der Dresdner Kunstakademie als Modell. Sein Körper war von den Bildhauern zur Idealfigur erklärt worden, und entsprechend oft wurde er herangezogen. Wer weiß, wie viele Werke aus jener Zeit noch existieren, die Redam zeigen?!

Während des ersten Weltkrieges baute sich Ewald Redam in Riga seine erste Truppennummer auf. Nach der anfänglichen Kraftdemonstration auf der Bühne und den Muskelspielen war dies nun die erste »richtige« artistische Darbietung. Inzwischen verheiratet mit einer Lettin, die mitarbeitete, engagierte er zwei weitere Artisten hinzu, und sie erschienen als »4 Redams, Kraftathletik« auf der Bühne. Es war dies eine statische, auf Kraftposen und äquilibristische Krafttricks gestellte Arbeit. Der Erfolg begleitete Redam nun eine längere Zeit. Er reiste von einem Engagement ins andere, faktisch rund um den Erdball. Gegen Ende der zwanziger Jahre gastierten die 4 Redams zwei Jahre lang in Australien. Und hier holte sich Redam nicht nur neue Impulse, sondern überarbeitete seine Darbietung grundlegend. Mit einer neuen Nummer kehrte er nach Deutschland zurück: »Eld. Redam Comp., 3 Frauenschönheiten, 1 klassischer Athlet (kostbare Perlen der klassischen Artistik)«. Hier hatte Redam die »Kraftmeierei«, wie er selbst sagte, noch mehr zurückgenommen und das Ganze mehr auf gefällige Wirkung gestellt.

Wieder gab ihm der Erfolg zunächst recht. Doch diesmal nicht lange, denn es kam die Wirtschaftskrise und damit für die Artisten auch der Verlust vieler Spielstätten. Die Konkurrenz verschärfte sich, und wer »im Geschäft bleiben« wollte, mußte sich etwas einfallen lassen.

Redam, der von seinen Kollegen als »unruhiger Geist«, dem »das Geld ziemlich locker in der Tasche« saß, geschildert wird, hatte zwar in den vorausgegangenen Jahren ein Vermögen verdient, es aber ebenso schnell mit vollen Händen wieder ausgegeben. Er mußte also verdienen, und nun wollte er »ganz groß rauskommen«. Mit seinem letzten Geld konstruierte und baute er sich einen merkwürdigen Riesenapparat in zwei Etagen, auf denen vier Frauen radelten, Propeller sich drehten, die Geschwindigkeit angezeigt wurde usw. Eine »technische Attraktion sondersgleichen«. Als er sie im Varieté »Königshof« in Dresden-Strehlen seinem Agenten vorführte, sagte dieser nur: »Das ist nichts für die Bühne, mein lieber Redam. Da passiert doch gar nichts!«

So baute Redam dann 1930 seine Kraftakrobaten-Nummer neu auf und engagierte dafür auch seinen Vereinskameraden Fritz Illgen (später als Concha & Concha weltberühmt). Der Meißner »Verein für

Die Ewald-Redam-Truppe (Redam 2. v. l.)

Sport und Körperkultur 1899« hatte Ewald Redam zum Ehrenmitglied ernannt, und jedesmal, wenn dieser nach Hause kam, besuchte er auch den Verein. Bei den traditionellen Vereinsvergnügen führte Redam seine Darbietung vor, sah sich aber auch den Nachwuchs an. Der in der berühmten Meißner Porzellanmanufaktur tätig gewesene Fritz Illgen hatte im Verein ebenfalls Kraftsport trainiert und brachte alle Voraussetzungen mit, die Redam erwartete. Da er arbeitslos war, nahm er Redams Angebot ohne Umschweife an.

»Im September 1930 hab' ich in Linz/Österreich bei ihm angefangen«, erinnert sich Illgen-Concha. »Wir waren vier Mädel und zwei Männer – die Eld. Redam Comp. –, stellten Kraftposen, lebende Bilder, na, was man eben als Kraftnummer so machte. Am Schluß nahmen wir zu zweit den etwas veränderten Apparat auf die Füße, balancierten ihn, während die vier Frauen oben mit den Rädern fuhren. Der Apparat drehte sich dabei um die Mittelachse.«

1932 verließ Fritz Illgen die Truppe, um seine eigene Darbietung aufzubauen. Dabei griff er wiederum auf einen Vereinskameraden aus Meißen zurück: Erhard Schulze. Die Nummer bestand übrigens bis 1945, dann übergab sie Concha zwei talentierten Meißner Jungen, die heute als Concha & Concha Weltruf haben.

Vom Zeitpunkt des Ausscheidens Illgens aus der Truppe verlieren sich Redams Spuren. 1932/33 soll er noch einmal im sowjetischen Staatszirkus gastiert haben. Erst mit der Befreiung vom Faschismus zeichnen sie sich neuerlich ab. Ewald Redam war in dieser Zeit als Dolmetscher bei der sowjetischen Kommandantur in Meißen tätig.

Mit zweiundsechzig Jahren versuchte er sich noch einmal als Artist – mit Muskelspielen. Natürlich wurde es nicht mehr viel. Da borgte er sich Geld, viel Geld, um ein Programm zu gestalten und damit auf eigene Rechnung zu reisen, als Varietéunternehmer, wie es damals viele versuchten. Aber der Erfolg war ihm nicht vergönnt. Das Unternehmen scheiterte, Redam blieb nur ein riesiger Schuldenberg. In seiner Verzweiflung nahm er sich das Leben. Auf der Sterbeurkunde liest man: »... ist am 9. Dezember 1947 um 12 Uhr 30 Minuten in Meißen tot aufgefunden worden. Der Verstorbene ... war geschieden.«

Nach Aussagen der Zeitgenossen war es Redams Problem, daß er trotz mancher Erfolge nie so recht den Sprung vom Kraftsport zur Artistik schaffte. Er blieb zeit seines Lebens der »starke Mann«, der reine Kraftbalancen vorführte, die kaum akrobatische Fähigkeiten verlangten. Nachdem die Muskelspiele nicht mehr wirksam genug waren, entschied er sich nicht für die üblichen Krafttricks wie Kettensprengen und ähnliches, die zu dieser Zeit offenbar auch nicht mehr so sehr gefragt waren, sondern wollte seine Kraft »modern anbieten«. Das gelang ihm zwar auch einige Zeit, doch da es keine künstlerische Weiterentwicklung gab – auch nicht geben konnte, denn Redam hatte keinerlei akrobatische oder Jongleurausbildung –, mußte er an einer bestimmten Grenze scheitern. Illgen-Concha, der zunächst die gleichen Voraussetzungen hatte, schaffte dagegen den Sprung in die »echte« Artistik.

17

Guss
mit der eisernen Hand

Als der »Mann mit der starken Hand« und »moderner Götz von Ber-
lichingen« – so ging er in die Geschichte der Artistik ein – in Köln
aufwuchs, glaubte keiner daran, daß aus dem relativ kleinen, scheinbar unterentwickelten Jungen einst ein Kraftakrobat werden würde.
Am 24. Februar 1886 als Sohn eines Gastwirtes geboren, begann Gustav Grimm, den Spöttern zum Trotz, in aller Heimlichkeit seine
Kraft zu trainieren. Expander und Hanteln waren modern geworden,
und der »lütte« Gustav wollte es den anderen beweisen. Mehr dem
Vater zuliebe, mit dem er seit der Schulzeit befreundet war, nahm
der Chef der Karma-Truppe den Jungen in die Lehre. Am 17. September 1894 durfte der Achtjährige zum erstenmal auftreten – als
Obermann einer Viererkolonne. Fünf Jahre dauerte die Ausbildung.
Gustav Grimm entwickelte sich – er stieg ab und stieg gleichzeitig
auf, vom Obermann über den Mittelmann zum Untermann. In der
gesamten Zeit setzte er das Krafttraining ohne Pause fort. Und obwohl er nicht über die 1,61 m hinauswuchs, erreichte er die »klassischen« Athletenmaße: 42 cm Umfang von Hals, Oberarm und Wade.
   Zusammen mit dem Engländer Gus Nippes baute er sich eine
eigene Darbietung auf: Guss & Guss, Kraftjonglerie. Zwei Jahre reisten die beiden durch die Welt, bis nach Ostasien und Australien, wo
Gustav einer Wette folgend im Zirkus einen Stier niederrang. Nach
der Trennung von seinem Partner arbeitete Gustav Grimm als Fänger
in einer Flugtrapezdarbietung Flying Banvards. Vier Jahre lang, dann
wechselte er zur Franklin-Truppe über, die eine Trampolinnummer
zeigte, in der Gustav ebenfalls den Fänger machte.
   Der erste Weltkrieg setzte auch der Grimmschen Artistenlaufbahn
ein vorläufiges Ende, das beinahe ein Ende für immer geworden
wäre. Denn Gustav wurde schwer verwundet und geriet in französi-

Guss, der Mann mit der eisernen Hand

sche Gefangenschaft. Die Beine zerschossen, glaubte er nie wieder arbeiten zu können. Doch in den Armen blieb die Kraft. Er trainierte sie weiter. Nach einem kurzen »Gastspiel« als Assistent eines Kleintierdresseurs machte er sich wieder selbständig, zunächst auf Rummelplätzen, in einer Schaubude als »Guss, die starke Hand«. 1922 lernte er Maria Kleinermann kennen und heiratete sie noch im gleichen Jahr. Mit ihr baute er eine neue Nummer auf, jene, die ihn nachhaltig berühmt machte. Sie führte ihn noch einmal in Varietés und Zirkusse, und er wurde als Kraftphänomen bestaunt. Mit seinen

»eisernen Händen« zerriß er drei Kartenspiele – 96 Blatt – auf einmal, 420 übereinandergelegte Zeitungsblätter, einen Tennisball; mit
der Kante seiner rechten Hand hackte er Holz usw. Seine Partnerin
lockerte die Darbietung durch heitere Intermezzi auf. Als Reklame-
nummer dachte er sich etwas ganz Besonderes aus: Der kleine Mann
mit seinen 62 Kilo Gewicht bot jedem, der ihn auch nur zehn Zentimeter vom Boden hochzuheben vermochte, hundert Mark. Die kri-
tischste »Probe aufs Exempel« 1925 in Essen – sein Kontrahent
brachte 165 Kilo auf die Waage! – veranlaßte ihn schließlich, die
Prämie auf 1000 Mark zu erhöhen. Und voller Stolz berichtete er im
Alter, daß er sie nie habe zahlen müssen.

Der zweite Weltkrieg – seine Verwundung verschonte ihn zwar vor
dem Soldatendasein – zerstörte alles, was er besaß. Im demokrati-
schen Berlin fand er eine neue Heimat. Und obwohl schon über die
Sechzig, ging er 1947 noch einmal auf große Tournee – »Guss, der
Mann mit der eisernen Hand«. Sechs Jahre lang erfreute er mit seiner Kunst jung und alt zwischen Kap Arkona und Fichtelberg.

Am Silvesterabend des Jahres 1953 nahm er Abschied von der
Bühne, die ihm so viel bedeutet hatte in seinem Leben. Am 20. November 1958 schloß er für immer die Augen.

18

Von den »7 Menorkas«
zum Trainer des Artistennachwuchses

»Jung Siegfried« nannte man ihn. Karl Seidenglanz, am 21. Oktober 1896 geboren, wuchs in Chemnitz (heute Karl-Marx-Stadt) auf und erregte schon in der Schulzeit mit seiner Kraft Aufsehen. Bereits mit fünfzehn Jahren wurde er in den Athletenklub »Olympia« aufgenommen, obwohl dessen Statut ein Mindestalter von achtzehn Jahren forderte. Als Junge hatte er systematisch seine Kraft trainiert – mit Hanteln und Expandern, jetzt stemmte er die schwersten Gewichte, bog ein Stück Rundeisen zu einem Ring usw. Im Athletenklub avancierte der Kupferschmied-Lehrling bald zu einem der besten Jugendgewichtheber Deutschlands. Seine Sportbegeisterung war jedoch nur die eine Seite, die zweite: der Traum vom Artistenberuf.

Nach dem ersten Weltkrieg nahm dieser Traum reale Gestalt an. Karl suchte sich einen gleichwertigen Partner und tüftelte eine neuartige Nummer aus: »Römische Kunst – Original Gebr. Seidenglanz«. Sie verband Sport und Akrobatik. Da waren Gewichtheben und äquilibristische Tricks wie Hand-auf-Hand, Kopf-auf-Kopf ohne Zwischenring, Stirnperche und der »Originaltrick« – auf einem Helm, den Karl aufsetzte, stand der Partner im Handstand, während um das Gerät eine schwere Hantel zum Kreisen gebracht wurde.

1922 fanden die Gebrüder Seidenglanz ein Engagement bei der Nürnberger Arena Hacker, bei der sie knapp fünf Jahre blieben. »Das war eine harte, aber ausgezeichnete Schule«, urteilte Karl Seidenglanz später. Wie es bei einer Freiluftarena üblich war, mußte der Artist Allroundman sein. Karl arbeitete gleich in acht(!) Nummern: Neben seiner »Römischen Kunst« zeigte er Gladiatorenspiele, Muskelspiele, eine »Akrobatik zu dritt«, produzierte sich als Fänger einer Luftnummer, als Akrobat auf der frei stehenden Leiter, als »Deutscher Eisenkönig Atlas«, der Hufeisen zerbrach, Ketten zerriß,

Die Gebrüder Seidenglanz
traten mit »Römischer Kunst« auf

einen 1,8 cm dicken Eisenstab zusammenbog, Nägel mit der Hand
einschlug und sich ein mit sechs Personen besetztes Auto über die
Brust rollen ließ ... »In den zwanziger Jahren ließ das Interesse für
die traditionelle Kraftakrobatik nach«, berichtete Karl Seidenglanz.
»Meine Arbeit als ›Eisenkönig‹ war eine Nummer unter vielen, jetzt
wollte ich mehr bieten, Kraftakrobatik in modernem Gewand sozusagen.« Im Chemnitzer Athletenklub suchte er sich Gleichgesinnte
und trainierte mit ihnen in aller Stille sechs Monate lang eine neue
Darbietung, die zu einer Weltnummer werden sollte.

  1926 trat sie unter dem Namen »7 Menorkas« im Chemnitzer Cen-
tral-Theater ins Rampenlicht: Sieben kräftige Männer, an den Muskelpaketen schon als Athleten zu erkennen, hoben keine starren Gewichte mehr, sondern bauten in 5 Minuten zehn Pyramiden und
Kolonnen, bei denen Karl als Untermann »wie eine Eins stand«,

selbst wenn er alle sechs Partner zu tragen hatte. Nach einem Kurz-gastspiel in Leipzig ging es sofort nach Schweden. Eine bisher völlig unbekannte Nummer wurde ins Ausland verpflichtet und – hatte einen Riesenerfolg! Ihr Name sprach sich bei den bedeutendsten Agenturen herum, Fachzeitschriften lobten ihn, und ein Engagement folgte dem anderen. Dreizehn Jahre lang ging es von Zirkus zu Zirkus, von Varieté zu Varieté, von Land zu Land – der junge sowjetische Staatszirkus holte sich die Darbietung, England und die Schweiz fehlten nicht. Schließlich kam das Gastspiel in den USA, das die 7 Menorkas zur Topnummer stempelte. Damals zeigten sie neben den Pyramiden zwei einmalige Tricks: die fünffache Brücke – Karl trug vier seiner Partner, während er in der Brücke stand, sie alle führten gleichfalls eine Brücke aus – und die Zweier-Hebung: Karl hielt auf dem ausgestreckten rechten Arm zwei seiner Partner, den einen im Kreuz in der Waage, während der andere auf Karls Hand einen Handstand ausführte.

Das Jahr 1939 wurde auch für die 7 Menorkas ein schwarzes Jahr. Vier von ihnen holte der Krieg sofort. Aber Karl Seidenglanz steckte nicht auf, sondern baute um zum »Menorka-Trio – Akrobatik im Zeitlupentempo«. Kaum zwei Jahre später mußte auch der fünfte Mann marschieren. Wieder Neubeginn. Karl engagierte sich eine Frau – für die Darbietung und fürs Leben. Eine Vollblutartistin aus der berühmten Scarlett-Familie, die noch bei den Leandros gelernt hatte (eine der ersten Nummern mit einer Frau als Untermann). In der Welsch-Truppe der Arena Zimmer war sie artistisch groß geworden. Als die neue Darbietung einigermaßen »stand«, holte der Krieg auch den sechsten Menorka. Karl und seine Frau blieben allein. Als 2 Menorkas zeigten sie Äquilibristik, wobei Karl seine Frau wie eine Feder hob. In der Zweitdarbietung trat Frau Menorka am Solotrapez auf – unter dem Namen Herwina zeigte sie unter anderem die berühmten Armaufschwünge.

Nach dem zweiten Weltkrieg begannen die 2 Menorkas erneut mit ihren beiden Darbietungen zu reisen. Sie traten in Sälen und Gasthäusern, auf Podien und Behelfsbühnen auf, und sie wurden von den ersten wiedererstandenen Varietés engagiert. Ihr Stern begann wieder zu steigen, bis 1960 bei einer Probe im Kulturpalast-Varieté Karl-Marx-Stadt das Unglück geschah: Als sich die Frau, von hinten auf-

Die Menorkas mit einer Pyramide

steigend, auf den ausgestreckten rechten Arm ihres Mannes stützen wollte, kippte dieser plötzlich nach hinten über. Die ständig hoher Belastung ausgesetzten Gelenkbänder – Menorka trug fünfzehn Jahre lang zweimal täglich eine halbe Tonne Gewicht und wippte es im Takt der Musik – rissen, der Arm kugelte aus. Hundertprozentige Invalidität, Ruhestand. Menorka mußte die Manege für immer verlassen.

Doch Ruhestand konnte es für Karl Seidenglanz-Menorka nicht geben. Nachdem er sich vom ersten Schreck erholt hatte, suchte er eine Betätigung, die seinen Möglichkeiten entsprach. Er wurde Artistentrainer und konnte sein Wissen, sein Können, seine Erfahrungen an die Jüngsten weitergeben. Noch einmal war er ständig gefragt: im Artistenzirkel des Karl-Marx-Städter Pionierhauses »Juri Gagarin«, im Kinder-Artistenzirkel des Kulturpalastes der Werktätigen Karl-Marx-Stadt, im Zirkel des Klubhauses »Aktivist« in Oberschlema, im Klub der Jungen Talente des Klubs der Jugend und Sportler in Karl-Marx-Stadt, in der Artistikgruppe des Kulturhauses »Klement Gottwald« Karl-Marx-Stadt ... Um Arbeit brauchte er sich nicht zu sorgen. Am 12. Januar 1978 riß ihn der Tod aus seinem Schaffen im Dienste der Nachwuchsentwicklung für die Artistik unseres Landes.

19

Die Malmströms

»Wohin gehen wir? – In die erste Mecklenburger Zirkusarena Willi Malmström.« Dieser Werbespruch lockte zu Beginn unseres Jahrhunderts Tausende in die bunte Welt des Zirkus Malmström.

Die Vorfahren der Malmströms waren Seiltänzer, zu den bekanntesten unter ihnen zählte Wilhelm Kolter. Theodor Fontane spricht in seiner Erzählung »Unterm Birnbaum« von Seiltänzern auf dem Jahrmarkt zu Gusow, deren Direktor der Schwiegersohn des alten Kolter war. Seit 1725 sind die Malmströms in Güstrow ansässig. Gründer und Direktor des Zirkus Malmström war Willi, der Vater der drei »Könige der Luft«, wie man Arthur, Hans und Herbert Malmström nannte. Wurden die drei Mecklenburger Jungen als »The Malmström Brothers« auf Plakaten angekündigt, so waren die Vorstellungen stets ausverkauft. Ihre tollkühnen Luftnummern am Trapez bewirkten, daß man ihren Namen in einer Reihe mit den Großen der internationalen Artistik nannte. Es gibt eigentlich kein Familienmitglied, das nicht in die Fußtapfen der über 250jährigen Artistentradition der Familie getreten ist.

Auch der Direktor Willi Malmström rief als Kraftakrobat mit seinen Leistungen Bewunderung und Staunen hervor. Nachdem er mit etwas heiserer Stimme als Direktor das Publikum begrüßt und durch das Programm geführt hatte, bildeten seine Kraftnummern immer einen besonderen Höhepunkt. Mit seinem Bizeps sprengte er eiserne Ketten. Spielend verbog er Hufeisen, stemmte mit dem Genick 8-Zentner-Pferde und hob mit dem Gebiß eine Tonne, auf der drei Personen saßen. Gespannt sahen die Zuschauer zu, wenn sich Willi Malmström von zwei Männern aus dem Publikum mit schweren Eisenhämmern einen großen Feldstein auf seiner Brust zerschlagen ließ oder wenn er sich um jeden Arm eine Zugleine wickelte, an die

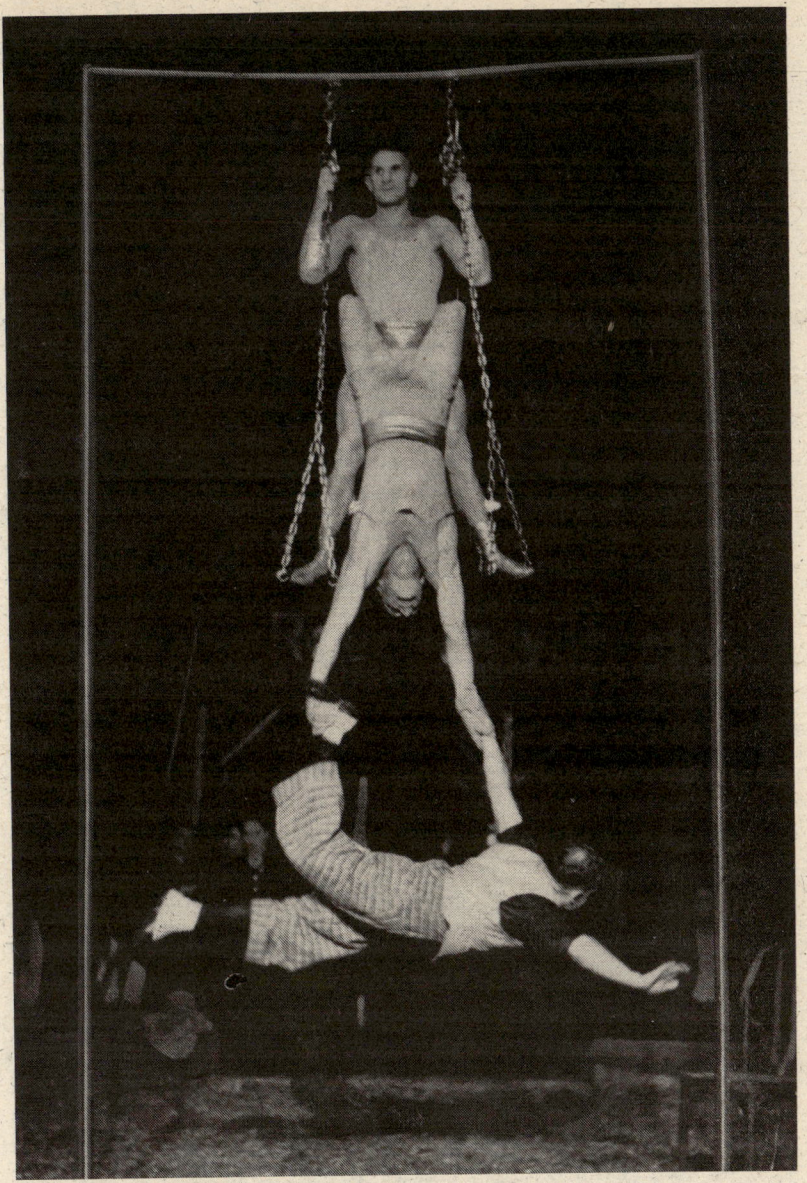

Die Brüder Arthur, Hans und Herbert Malmström

161

je ein Pferd gespannt wurde. Auch bei größten Anstrengungen gelang es den beiden Pferden nie, die verschränkten Arme des Athleten auseinanderzureißen.

Später berichtete Herbert Malmström von den kraftakrobatischen Übungen seines Vaters außerhalb der Manege. So soll er sich einmal in einer Gastwirtschaft sehr geärgert haben, als sich dort zwei Gäste sehr unanständig benahmen. Er ergriff die beiden im Genick und hob sie rechts und links mit ausgestreckten Armen hoch, als wären es Hasen. Sie zappelten wie Fische an Land, wurden totenblaß und sagten gar nichts mehr. Gesittet und verschüchtert verließen sie das Lokal.

Eines Tages passierte es dann. Frau Malmström saß auf der kleinen, mit Blumenkästen geschmückten Veranda des Direktionswagens und rechnete die Tageseinnahmen ab. Sehr viele Hundertmarkscheine waren dabei. Aber schon am nächsten Tag hatten diese Scheine kaum noch Wert, denn sie wurden während der Zeit der ersten Inflationsjahre gedruckt. Plötzlich verfärbte sich das Gesicht der schon sorgenvoll aussehenden Frau schrecklich. Die Artisten trugen Willi Malmström zu ihr. Mit einem der schweren Vorschlaghämmer hatte man beim Zertrümmern eines Felsblockes sein Herz getroffen.

Im Morgengrauen des nächsten Tages brach der Zirkus auf. Vater Malmström atmete noch. Sie hatten in Mecklenburg ein kleines Haus »Malmströms Ruh«, dorthin wollten sie ihn bringen. Der Morgen war verregnet, und die Pferde gingen in traurigem Schritt, als hätten sie gewußt, was geschehen war. Die Nachricht vom Unglück hatte sich schnell verbreitet. Wo der Zug vorbei kam, nahmen die Leute ihre Mützen ab und senkten als Zeichen der Anteilnahme ihre Köpfe. In das heute noch existierende riesige Fahrtenbuch, welches mit dem Jahre 1795 beginnt und die Geschichte der Artistenfamilie erzählt, mußte nun 1919 eine sehr traurige Kunde eingetragen werden: Willi Malmström war seinen schweren Verletzungen erlegen.

Der Name Malmström bürgt heute noch für hohe artistische Leistungen. Herbert Malmström, alias Tante Emmi, wurde ein Mecklenburger Original, das plattdeutschen Humor mit Problemen unserer Zeit verband. Tante Emmi wußte immer alles, dafür hatte sich Herbert Malmström vor seinem Auftritt stets gut informiert in der Bevölkerung. Die Gebrüder Malmström wurden mehrfach für ihre hervor-

Willi Malmström

ragenden Leistungen ausgezeichnet. Volker, der älteste Sohn Herbert Malmströms, ist das, was man unter einem Universal-Artisten versteht: Jonglerie, Parterre-Akrobatik, Antipodenspiele und Luftakrobatik – für diese vier Genres besitzt er einen Fachabschluß. Der 1946 in Güstrow geborene Torsten Malmström ist heute ein ausgezeichneter Reckartist und Parterrespringer, als Mitglied der Truppe »Rectons/Samarras« geht er mit dem Staatszirkus der DDR auf Tournee.

Milo Barus,
Weltmeister der Kraftathletik

Am 27. Februar des Jahres 1906 wurde im tschechoslowakischen Alt-Rothwasser Emil Bahr geboren. In den ersten Jahren war der Junge sehr empfindlich und »sammelte« alle Kinderkrankheiten auf. Doch wie es oft bei kränklichen Kleinkindern ist, entwickelte sich der kleine Bahr ab dem zehnten Lebensjahr dafür um so besser. Der zwölfjährige Emil war ein kräftiger Junge, dessen Mitschüler gehörigen Respekt vor ihm hatten.

1920 begann Emil in der Mühle des Herrn Metzner in Haugsdorf die Lehre. Er wollte ein guter Müller werden und stürzte sich mit viel Eifer in die Arbeit. Emil mußte sechs Tage in der Woche täglich zwölf bis fünfzehn Stunden arbeiten, und wenn sonntags Fahrzeuge vor der Mühle standen, so hatte er gar keinen freien Tag. In der Mühle gehörte es zu seinen Aufgaben, Walzen auszutauschen. Sein Meister brauchte vorher zwei kräftige Müller dazu. Emil trug auch die vier bis fünf Zentner schweren Mühlsteine allein auf seinem Rükken die Treppe hinauf und hinunter.

Diese schweren Arbeiten und sein Training im Weidenauer Turnverein, in dem er einen großen Teil seiner wenigen freien Stunden verbrachte, bildeten das Fundament für seine spätere Karriere als Kraftakrobat.

Im zweiten Lehrjahr wurden seine Körperkräfte einmal bis knapp an seine Leistungsgrenze beansprucht. Der Gutsbesitzer Michler mischte sich gern unter die Sportler, um sich populär zu machen. Der Gutsbesitzer war sich sehr sicher, etwas Unerreichbares anzubieten, und rief Emil Bahr zu: »Wenn du fünf volle Hafersäcke mit je einem Zentner fünfhundert Meter weit trägst, kannst du dir diesen Schein abholen.« Dabei hielt er eine Banknote hoch. Ohne lange zu überlegen, schnürte Emil seinen Gürtel fest, zog das Hemd aus, hob sich den ersten Sack auf die linke Schulter, ließ sich den zweiten Sack auf die rechte Schulter, den dritten und vierten Sack quer darüber und den fünften Sack oben drauf legen. Die Zuschauer bildeten eine enge Gasse und staunten nicht wenig darüber, daß der sechzehnjährige Junge diese Last etwa 550 m weit trug. Völlig verausgabt schlich Emil zum Gutsbesitzer zurück. Dieser war nicht mehr so freudig gestimmt und verringerte den angebotenen Betrag um die Hälfte.

Emils Gesichtsausdruck genügte jedoch, und der Gutsbesitzer legte den Rest mit verlegenem Lächeln zu.

Wie es der Brauch verlangte, packte Emil nach bestandener Lehrzeit sein Bündel und begab sich auf die Wanderschaft. Sein Weg führte ihn zuerst nach Hamburg, von dort quer durch Deutschland nach Österreich und schließlich nach Tirol. In Kundl fand er beim Müllermeister Sieber Arbeit und im dortigen Sportverein gleichgesinnte Freunde. In Tirol übte sich Emil auch im Gürtelringkampf, im Hakeln und im Fäustedrücken.

Als Emil eines Abends nach getaner Arbeit in den einzigen Gasthof des Ortes, »Zur Post«, ging, wurde er vom Elektromeister Gattinger zum Hakeln aufgefordert. Gattinger saß am runden Stammtisch und sah als bester »Zieher« Tirols mit Geringschätzung auf den fremden Müllersknecht herab. Als der Elektromeister auch noch andeutete, Emil habe früher nur durch Zufall gewonnen, konnte der nicht ausschlagen. Umgehend wurde der Tisch von allen Gläsern und Bechern geräumt. Der Wirt stellte den Bierhahn ab, und alle Gäste umstanden die beiden Gegner. Emil war zuversichtlich, denn es hatte sich an seinen Fingern durch das ständige Zubinden der Mehlsäcke eine feste Hornhaut gebildet. Emil gewann, und ringsum ward es still. Das Spiel wurde auf Verlangen Gattingers wiederholt, und Emil siegte auch diesmal.

In Kundl gastierte in dieser Zeit ein kleiner Zirkus, ein Familienunternehmen, in dem jeder Akteur im Laufe eines Abends fünf- bis sechsmal aufzutreten hatte. Am Schluß verkündete der Clown des Unternehmens: »Wer den berühmten alpenländischen Kraftmenschen Herkules Huber bezwingt, erhält eine Tageseinnahme!«

Bei der ersten Abendvorstellung waren die Ortsansässigen offenbar von der Erscheinung des muskulösen Herkules stark beeindruckt. Keiner von ihnen hatte den Mut, sich zum Kampf zu stellen. Doch die Starken von Kundl sahen eine glänzende Gelegenheit, den Müllerburschen Bahr einmal verprügeln zu lassen, ohne selbst dabei beteiligt zu sein. Sie brachten Emil mit einigen spöttischen Bemerkungen in Wut. Emils Ehre schien in Gefahr zu sein, und so meldete er sich zum Kampf. Der Altersunterschied der Kämpfer betrug fünfzehn Jahre. Nachdem der Direktor verkündet hatte, daß 30 Minuten gerungen werden muß, machten sich beide Ringer fertig, und ein Artist gab als Schiedsrichter den Kampf mit einem Pfiff frei. Der Herkules sprang sofort wie ein Panther auf Emil los. Emil rechnete nicht mit einer so plötzlichen Reaktion und sprang vor Schreck, es mag auch ein wenig Angst dabei gewesen sein, zur Seite. Herkules fehlte der Halt, und er flog in die Zuschauer. Leicht zerkratzt kroch er wieder hoch und rannte wutentbrannt auf Emil zu. Er versuchte Emil mit seinem Unterarm aufs Kreuz zu legen, so daß dieser dachte, ihm werden einige Knochen gebrochen. Emil drückte dagegen dem Herkules sein Kinn in den Hals, worauf dieser los ließ und zu einem fairen Ringkampf überging. Die Attraktion blieb aus, der Direktor brach den Kampf schleunigst mit »unentschieden« ab und entschuldigte sich für den Herkules mit der langen anstrengenden Reise. Am nächsten Tag sollte der Kampf bis zum Endsieg ausgetragen werden. So hatte der Direktor die Tageskasse noch einmal gerettet.

Nun standen alle im Ort plötzlich hinter dem Müllerburschen, der kein »Neuer« mehr war, sondern einer von ihnen, der die Ehre des Ortes gegen einen durchziehenden Zirkus verteidigen mußte. Allen war es klar, daß Emil am nächsten Tag siegen würde.

Emils Chef warnte jedoch vor diesem Kampf, er wollte nicht, daß die Stütze seines Geschäfts im Krankenhaus landete.

Am nächsten Tag war es soweit, der Zirkus konnte die vielen Schaulustigen kaum fassen. Emil wurde großzügig ohne Eintrittskarte eingelassen. Der Zirkusdirektor schickte dem Kampf eine Ansprache voraus, die damit endete, daß es ein »Kampf auf Leben und Tod« wäre.

Der Pfiff ertönte, und die Kämpfer tasteten sich zunächst, eine schwache Stelle des Gegners suchend, vorsichtig ab. Dann umarmten sie sich und hämmerten sich gegenseitig auf den Rücken. Emil schaffte einen Stellungswechsel, und er riß seinen Gegner zu Boden. Am Boden wechselten sie von der Brücken- zur Bankstellung. Als Huber in Bankstellung verharrte, gelang dem Müllergesellen ein Überstürzler, der den Herkules auf die Schultern zwang. Bahr war eindeutiger Sieger, und wie es sich für einen Helden gehörte – kniete er sich auf den Besiegten.

Der Direktor hatte mit verzerrtem Gesicht alles beobachtet und riß den siegestrunkenen Bahr von seinem Gegner herunter. Als der Direktor nun aber die Auszahlung der versprochenen Tageseinnahme verweigerte, waren die Tiroler nicht mehr zu halten. Sie schlugen das gesamte Zirkusunternehmen zusammen. Als die Gendarmerie anrückte, fand man auf dem Schlachtfeld nur noch einen zerschlagenen Herkules und einen demolierten Sieger. Im Eifer des Gefechts hatten die Tiroler auch einige Male Emils Schädel getroffen, so daß er ohne Bewußtsein von der Gendarmerie auf einer provisorischen Trage weggetragen werden mußte. Der Direktor machte sich mit seiner Familie am nächsten Morgen auf und davon.

Emil war die Lust vergangen, in diesem feuchtfröhlichen Tiroler Land noch weitere Kraftproben bestehen zu müssen. Deshalb packte er seinen Koffer und fuhr in seine Heimat zurück.

Dort mußte Emil feststellen, daß es mehr Müller als Mühlen gab. Er wurde arbeitslos. Nach langem Suchen gelang es ihm, als Hilfsarbeiter in einer Schamottefabrik anzukommen. Gemeinsam mit anderen Sportlern gründete er den Arbeiter-Turn-und-Sportverein in Weidenau. Anfangs bereitete die Leitung und Verwaltung trotz aller Bemühungen große Schwierigkeiten. Aber nur wenig später konnte der Turnverein durch gewerkschaftliche Unterstützung in einer eigenen Turnhalle trainieren, in der Emil als Ringwart der Stemm- und Ringerabteilung tätig war.

Mit achtzehn Jahren stand Emil 1924 erstmals als Amateur auf einer Bühne und erreichte im Olympischen Dreikampf 280 kg (Reißen 70 kg, Drücken 90 kg und Stoßen 120 kg). Freundschaftskämpfe mit anderen Athletenklubs folgten und verbesserten neben ständigem, fachlich kontrolliertem Training Emils Leistungen. Im März 1925 erhöhte Emil seinen Vereinsrekord auf 305 kg. Der dabei anwesende englische Berufsathlet und Manager, Mr. Robinson, spürte, daß er mit Emil Geld verdienen könnte. So legte er ihm einen Vertrag auf den Tisch, und Emil unterschrieb seinen ersten Vertrag. Damit beendete er, ohne daß es ihm klar war, seine Amateurlaufbahn.

Wie vereinbart, zog Emil nach Wien. Robinson vermittelte ihm einen vorläufigen Arbeitsplatz im Städtischen Schlachthof. Der Betriebsleiter war zugleich Ringwart der berühmten Lohnfuhrwerker-Sportler und verstand sich ausgezeichnet mit Emil. Sie unterhielten sich über Sport und Politik, nur nicht über das Schlachten. Emil trug tagsüber Rinderviertel und Schweinehälften, und am Abend trainierte er. Robinson brachte ihn eines Tages mit den Exweltmeistern und Weltrekordlern Josef Steinbach und Hans Kawan zusammen, deren Ratschläge er später beim Training beachtete. Seine Kraftarbeit wurde jetzt sinnvoller durchgeführt, und er kam mit vielen Sportlern zusammen, denen er seine Technik vermittelte.

Emil suchte ständig nach neuen Variationen. So nahm er zum Beispiel einen Mann auf die Handfläche und warf ihn von einer Hand zur anderen. Emil verwendete bei seiner Kraftarbeit auch einen Balken, auf dem bis zu fünfzehn Männer Platz nahmen. Er legte sich in der Rückenlage unter den Balken und stemmte ihn samt den fünfzehn Männern mit den Füßen hoch. Emil wollte eine das Publikum interessierende sportliche Darbietung schaffen. So probte er mit einer Eisenstange, an deren beiden Enden je ein Sportler Platz nahm. Aus der Rückenlage faßte er die Stange mit den zwei Männern, hob sie beim Hochgehen mit an und ließ, in Kniestellung verbleibend, das Requisit hochgestreckt über sich kreisen.

Ein Metzgermeister spendierte einmal für seine aktivsten Vereinskameraden einen Kessel warme Wurst, aber fast die Hälfte davon blieb übrig. Da das Festessen in Emils »Bude« abgehalten wurde, ließ man den Rest von rund zehn Pfund dort. Emil konnte nicht widerstehen und verspeiste bis zum Morgen alle Würste. Er hatte schon als Lehrling einen bemerkenswerten gesunden Appetit, den er bis ins hohe Alter behielt.

Robinson, sein Manager, lenkte ihn geschickt in große Mannschaften. Mit seinen Vereinskameraden nahm er erfolgreich an mehreren Landesmeisterschaften teil, so z. B. in Ungarn, Jugoslawien, Italien, Rumänien und in der Tschechoslowakei. Die Arbeit im Schlachthof hatte er aufgegeben. Er sammelte erste Preise und Meistertitel. Emil

Barus stemmte ein Auto

gab seinen Amateurstatus ungern auf, doch die Geldnot und der Wille, aus der Hilfsarbeitertätigkeit herauszukommen, zwangen ihn, den Weg als Profi einzuschlagen.

Robinson legte fest, daß Emils erster Profikampf im »Zirkus Minerva«, der damals Österreich bereiste, ausgetragen werden sollte. Der Direktor Feßleitner, selbst Europameister, hatte fünfzehn Ringerpaare vom Mittel- bis zum Schwergewicht engagiert. Die Kämpfe wurden meist reell ausgetragen. Doch wenn die Zirkuskasse eine Aufbesserung nötig hatte, wurden Kämpfe nach dem Vorbild der Catcher aufgeführt, um Publikum anzulocken. Nachdem Emil vier Monate im »Zirkus Minerva« war, sollte er in St. Pölten erstmalig gegen seinen 190 cm großen und 150 kg schweren Chef antreten. Emil wirkte neben ihm wie ein Schuljunge, immerhin wog er 60 kg weniger. Feßleitner war sich sicher, daß er gegen Emil mit wenigen Griffen siegen würde. Der Sprechstallmeister leitete den Kampf wie immer mit den Worten ein: »Gerungen wird vom Scheitel bis zur Hüfte, Zwicken, Beißen, Spucken und Kratzen ist nicht gestattet!« Es ertönte der Pfiff, und wie zwei wilde Tiere sprangen sich beide an. Emil wendete einen »doppelten Nelson« und noch einen Griff an, aber ohne Erfolg. Sein Chef schüttelte sich nur, und beide standen sich wieder gegenüber. Während sich Feßleitner blitzschnell nach Emil bückte, sprang Emil ihn an. Es gelang ihm ein Kopfzug, und Feßleitner wurde durch Emils Kniegang mitgerissen. Emil wußte noch gar nicht, was geschehen war, als sein Gegner plötzlich auf die Matte klopfte, was hieß, daß er den Kampf aufgab. Der Direktor lag einige Tage mit einem Bluterguß im Knie fest und war für keinen zu sprechen. Seine Frau zahlte Emil am nächsten Tag seine Gage aus und bat ihn, so schnell wie möglich abzureisen.

Nur wenige Tage später hatte Emil Bahr ein neues Engagement bei dem tschechischen Manager Gustav Fristensky, der ihn ab Brünn auf einer Balkantournee mitreisen ließ. Fristensky, der von Feßleitners Niederlage wußte, machte Emil gleich anfangs unmißverständlich klar, daß er sich so zu verhalten habe, wie er es anordne. Innerlich schimpfte Emil auf das Vorgaukeln eines fairen Ringersports. Aber was blieb ihm übrig, er brauchte ein Einkommen, und so sagte er zu. Seinen ersten Kampf in der neuen Ringertruppe führte Emil Bahr gegen den Jugoslawen Bjelosch, der nach Weisung des Managers nach dreißig Minuten durch Hüftschwung zu verlieren hatte. Beide Kämpfer kannten sich, stimmten sich kurz ab und waren sich einig, Fristenskys Befehl nicht nachzukommen. In dreißig Minuten zeigten sie fast alle Variationen, die der Ringersport zu bieten hatte, und das begeisterte Brünner Publikum tobte. Fristensky nahm sich daraufhin Bahr vor und machte ihn sehr nachdrücklich auf die vertraglichen Vereinbarungen aufmerksam. Nach der Tournee durch die Balkanländer gelang es Emil, sich in fairen Kämpfen bis zum zweiten Platz der mitteleuropäischen Ringermeisterschaft in Prag vorzuarbeiten. Die große Reklamewelle sorgte für einen ausverkauften Lucernasaal in Prag.

Am letzten Wettkampftag kämpfte Emil gegen Jilla um den »Goldenen Gürtel von Prag«. Der 2,10 m große Mulatte Jilla ließ seine Gegner durch seine Muskelpakete erschauern. Als der Gong ertönte, sprang Jilla ihn schon an. Mit einem Seitensprung rettete sich Emil vor dem Aufprall des gesamten großen Körpers. Ähnlich wie Herkules Huber rechnete auch Jilla nicht mit dem Ausbleiben des Widerstandes und rutschte durch die Seile in die erste, dicht am Ring befindliche Zuschauerreihe.

Dem Publikum gefiel diese Eröffnung. Doch Jilla geriet darüber in Wut, er nahm Emil am Handgelenk und drehte ihn wie ein Windrad herum. Durch eine ruckartige Bewegung konnte Emil Bahr seine Beine um den Leib des Gegners schlingen. Jilla mußte Emils Hände freilassen, worauf Emil sich auf der Matte festhielt und Jilla mit einer Schere zu Boden zwang. Sofort sprangen beide wieder auf. Emil sah eine Möglichkeit für einen Kopfzug. Er gelang ihm auch. Doch der große Schwung und die Körperlänge seines Gegners ließen beide so ungünstig in die Ringseile kommen, daß Jilla aus den Seilen fiel und sich die Wirbelsäule brach. Es gab keine Zweifel, die vielen fachkundigen Augenzeugen bestätigten, daß Jilla durch einen fairen Kopfzug zur Matte geschleudert wurde und nur durch einen unglücklichen Unfall ums Leben gekommen war. Emil ging traurig und völlig verstört in seine Garderobe. Er verstand nicht, daß man ihm gratulierte und daß keiner von Jilla sprach. In der darauffolgenden Nacht fand er keinen Schlaf. Er verzichtete auf den »Goldenen Gürtel von Prag«, der ihn nur ständig an die skrupellose Härte und widerliche Geschäftstüchtigkeit seines Managers erinnert hätte.

Nach seiner Militärzeit von 1926 bis 1928 erhielt Emil Bahr eine behördliche Lizenz zur Leitung einer berufsmäßigen Ringertruppe. Er war glücklich darüber, nun selbständig zu sein und seinen eigenen Plänen nachgehen zu können.

In dem im Großherzogtum Luxemburg liegenden Differdingen, in dem er mit seiner Gruppe auftreten wollte, hatte sich der örtliche Athletenclub, der Bester des Landes war, vorgenommen, Emil in die Schranken zu weisen. Die Veranstalter hatten, ohne Emils Wissen, Anschläge drucken lassen mit der Aufschrift: »Emil Bahr ist stärker als John Grün!« Der gebürtige Luxemburger John Grün war einst einer der besten Berufsathleten gewesen. Deshalb war Emil entsetzt über diese Reklame, ihm glaubte damals keiner, daß er mit den Plakaten, die den verstorbenen John Grün herabsetzten, nichts zu tun hatte.

Die Vorstellung begann. Emil wickelte gewissenhaft sein Zwei-Stunden-Programm ab und forderte zwischendurch örtliche Athleten zum Leistungsvergleich auf. Als der Stemmrekordler Scheitler an einem 100-Liter-Weinfaß scheiterte, war das Eis im Publikum gebrochen, und Emil erhielt Applaus. Gleich nach seiner Vorstellung lud ihn John Grüns Exmanager Thorn zu einem Leistungsvergleich in die Hauptstadt Luxemburg ein.

Allerdings wurde eine Bedingung gestellt: Emil Bahr mußte die Sportgeräte aus dem Nachlaß John Grüns verwenden, ohne vorher mit ihnen zu proben. Er sagte zu. Zwei Wochen nach diesem Gespräch sollte die Veranstaltung in einer großen Halle durchgeführt werden.

Der Veranstalter wollte jedem Besucher die Möglichkeit geben, sich eine eigene Meinung zu bilden. Deshalb wurde, neben der großen Reklame für den bevorstehenden Leistungsvergleich, im Vorraum der Halle eine Art Ausstellung über die bekanntesten Athleten und deren Leistungen eingerichtet. Große Tafeln, Plakate, Fotos sowie Maß- und Gewichtsangaben vermittelten den Besuchern einen guten Überblick. Darunter waren beispielsweise zu finden: John Grün, Karl Abs, Georg Hackenschmidt, der Afrikaner Anastasio Anglio, der gegen den »deutschen Samson« Paul Bahn kämpfte, der Schotte Alex Munro, der Türke Kara Ahmed, Emil Naucke und andere. Bahr wurde es eigenartig zumute, als er all diese starken Männer beim Betreten des Vorraumes auf sich herabblicken sah. Zu den Prominenten im Publikum zählte auch die Großherzogin Charlotte mit ihrem Prinzgemahl.

Bei flotter Zirkusmusik brachte eine Sportlergruppe John Grüns Requisiten, und die Kraftdarbietungen begannen. Emil Bahr trat als letzter auf. Er zeigte ein großes Repertoire, zum Beispiel, wie er fünfzehn Personen auf einer Planke sitzend mit den Füßen stemmte und hielt, er stemmte auch mit einer Stange 210 kg und trug Grüns sich drehendes Karussell mit acht Personen auf den Schultern. Voll ehrlicher Begeisterung applaudierten die Zuschauer stürmisch. Die Monarchen drückten Emil Bahr die Hand und verliehen ihm mit anerkennenden Worten einen Orden. Die Großherzogin bestätigte auch: »John Grün war sehr gut, Sie, mein Herr, sind besser. Ich gratuliere.« Diese Worte waren für Veranstalter und Manager die beste Reklame und hatten noch viele ausverkaufte Veranstaltungen zur Folge. Ein freundlicher Luxemburger sagte: »Emil Bahr, dieser Name ist zu bürgerlich und noch dazu deutsch. Es ist an der Zeit, daß du dir einen Künstlernamen zulegst.« Emil dachte nicht lange nach, taufte sich ohne Pfarrer um und wurde Milo Barus.

Völlig unerwartet erhielt Milo Barus eine Einladung zum Treffen der stärksten Männer aus 16 Nationen im Cirque Medrano in Paris, zu dem 42 Wettkämpfer zugesagt hatten. Die internationalen Profi-Vereinigungen hatten zu diesem Stelldichein der stärksten Männer der Welt für den 15. März 1930 aufgerufen.

Das Ereignis wurde von der Presse mit großen Schlagzeilen angekündigt. In den Zeitungen erschienen die Namen, Maße, Gewichte und bisherigen Leistungen der Athleten. Die beiden Franzosen Charles Rigoulet und Maurice Cambier wurden verständlicherweise in den Mittelpunkt gerückt. Aber auch der Holzfällerkönig von Kanada, Faden Mac, sowie die Engländer Parkays und Sir Thompson und die Amerikaner Gutler und Sir Louis hatten zugesagt. Die Türken Hali Adali und Jussuff Ismail, die Bulgaren Nahmut und Yussif und die Italiener Obizzi und Marchese Luigi fehlten ebenfalls nicht auf der Teilnehmerliste.

Endlich war es soweit, erstmals sollte aus einer solchen internationalen Konkurrenz ein Weltmeister ermittelt werden. Im überfüllten Cirque Medrano begann der Wettbewerb mit sehr harten Bedingungen. Nach erstklassiger Reklame lief nun die Weltmeisterschaft vor einem kritischen Publikum und vor einer schwitzenden und gewissenhaft punktenden Jury wie ein Uhrwerk ab.

Einiges aus den Bedingungen:
– mit den Füßen mußte eine Planke gestemmt werden, auf der 10 bis 15 Männer saßen
– vier Zentner schwere, mit Schmierseife aalglatt präparierte Säcke waren zu heben
– Spielkarten von drei Spielen, von 96 bis 135 Blatt, mußten mit einem Ruck zerrissen werden
– das Hantieren mit 150 kg schweren Spezialhanteln, die einen Griffdurchmesser von 10 cm hatten, war zu absolvieren
– auf Gerüsten waren Pferde hochzustemmen oder eine Stahlleiter hochzutragen
– der in der Mitte der Manege stehende Athlet mußte versuchen, zwei Autos am Abfahren in entgegengesetzte Richtungen zu hindern
– ein beladener Möbelwagen mußte von dem Athleten mit den Zähnen weggezogen werden.

Milo Barus, der Weltmeister

Die Athleten hatten nach drei Tagen ihren Wettstreit beendet, und es kam zur Siegerehrung. Feierlich wurde verkündet:
Milo Barus ist der stärkste Mann der Welt und
Weltmeister im Lastentragen!
Milo Barus strahlte vor Freude und nahm unter minutenlangem Beifall den goldenen Lorbeer und die Urkunde entgegen. Hatte doch damit sein jahrelanges hartes Training größten Erfolg und Anerkennung gefunden.

Die weiteren Engagements in Frankreich brachten volle Kassen. Milo konnte es sich leisten, auf eigene Kosten, ohne Vorschuß nach Spanien zu fahren. Der spanische Zirkus Price bot Milo Barus die höchste Gage, die je zuvor einem Kraftakrobaten geboten wurde. Milo wurde schon am Bahnhof Barcelona von einer Zirkusdelegation feierlich empfangen. Sein Programm kam auch bei den begeisterungsfähigen Spaniern ausgezeichnet an. Auf Einladung des Zirkusdirektors saß Milo Barus eines Tages in der Arena und bewunderte die Toreros beim Stierkampf. Neben ihm hatte der Ex-Boxmeister Paolino Platz genommen, der Milo in die Geheimnisse des Stierkampfes einweihte. Zwischen beiden entwickelte sich eine angeregte Unterhaltung, die sie vom eigentlichen Geschehen in der Arena ablenkte. In der Menge ertönten plötzlich Schreie, und beide waren sofort hellwach. Einem Torero war es mit seinem Degen selbst beim dritten Stich nicht gelungen, den Stier tödlich zu treffen. Das wütende Tier hatte seinen Gegner lebensgefährlich verletzt. Als Milo Barus die Situation erfaßte, überlegte er nicht lange, sprang über die Brüstung der Loge, packte den Stier bei den Hörnern und rang das Tier zu Boden. Währenddem herrschte in der Arena atemlose Stille. Milo hatte den Stier besiegt, und er wurde begeistert gefeiert. Der unblutige »Torero« Barus erhielt sensationelle Pressekritiken – und einige Dutzend Heiratsanträge.

Von Barcelona aus reiste der Weltmeister nach Portugal und konnte in Lissabon den gleichen Erfolg wie in Spanien verbuchen. Dann begab er sich nach England. Der Circus Mills hatte zur zweiten Weltmeisterschaft der Berufsathleten aufgerufen. Die Kämpfe in London wurden ähnlich wie in Paris durchgeführt. Das Aufgebot an starken Männern war noch größer, und die Begeisterung des Publikums kannte keine Grenzen.

Milo Barus gewann zum zweiten Mal den Weltmeistergürtel und wurde mit Engagementsangeboten überschüttet.

Während seines ersten Sondergastspieles in London leistete sich Milo Barus ungewollt einen Streich. Er forderte während seines Programms das Publikum auf, fünfzehn der kräftigsten Männer in die Manege zu schicken, die er auf einer Bohle hochstemmte. Unter den fünfzehn Freiwilligen befand sich auch ein sehr vornehm aussehender, aber keinesfalls kräftig wirkender Herr. Milo reizte es, diesen Herrn an der Taille zu fassen und ihn wie ein Federchen hoch über seinem Kopf ungefähr dreißig Sekunden zappeln zu lassen. Das englische Publikum hielt den Atem an, denn der ahnungslose Barus hielt da niemand anderen als ihren Prince of Wales in der Luft. Der Kronprinz machte eine gute Miene zum Spiel und drückte Milo Barus die Hand. Eine Ordensverleihung nahm er aber diesmal nicht vor.

1932 konnte Milo Barus in Kalkutta erneut seinen Weltmeistertitel erfolgreich verteidigen. Während des Applauses am Schluß der Vorstellung kam Mahatma Gandhi zu Milo. Der große indische Staatsmann, einst selbst als Fakir ausgebildet, gratulierte Barus und überreichte ihm ein Foto mit Widmung. In Indien unterzeichnete Milo ein Angebot des Zirkus Pagel für eine Afrikatournee. Wie würde man ihn wohl in Afrika empfangen? In Kapstadt liefen alle Vorstellungen planmäßig, und er wurde mit Beifall überschüttet.

In Johannesburg, der nächsten Etappe seiner Reise, ergänzte Milo Barus sein Repertoire. Er hob einen jungen Elefanten auf ein Podest. Dieser neue Trick erfreute sich in Afrika besonderer Beliebtheit, so daß viele Veranstaltungen wiederholt werden mußten. Kurz vor seiner mehrfach verschobenen Reise nach Kairo sollte Milo am letzten Tag in einem Dorf auftreten. Er sagte zu, und alles lief mit Routine normal ab. Die Buschbewohner lieferten mit hohlen Elefantenzähnen, Rinderhörnern und ausgebrannten Baumstämmen einen lauten Beifall. Der Häuptling stand auf, kam auf Milo zu und reichte ihm mit einigen unverständlichen Worten die Hand. Alle Besucher waren in diesem Moment still. Der begeisterte Häuptling drückte Milos Hand so arg, daß der starke Milo Barus, der wenige Minuten vorher einen schweren Elefanten auf ein Podest gehoben hatte, in die Knie sank. Noch in Kairo mußte er Umschläge machen, mit solch ungezügelter Kraft hatte ihm der Häuptling die Hand gereicht.

1933 fand die vierte Weltmeisterschaft in Kairo statt. Als die starken Männer aus aller Welt durch die engen und winkligen Gassen gingen, trafen sie auf halb verhungerte Ägypter und große Armut. Jeder der starken Gäste wurde von zwei bis drei bewaffneten königlichen Begleitern beschützt. Milo hatte sich vorgenommen, in Kairo eine neue Nummer mit Hilfe seiner kräftigen Zähne zu zeigen. Nachdem die gleichen Wettbewerbspunkte wie in Paris und London absolviert waren und Milo Barus wieder gesiegt hatte, brachte er als einziger ergänzend etwas Neues.

In der Arena lag ein vier mal vier Meter großes Holzpodest. Zehn Ägypter hoben einen Flügel auf das Podest und befestigten an allen Ecken des Podestes Eisenketten, die in der Mitte über einen Stahlring mit anderen Kettensträngen verbunden wurden. An einem Flaschenzug wurde ein besonders stabiler Haltestuhl, wie er bei Luftakrobaten üblich ist, befestigt. Milo hängte sich mit den Beinen in den Haltestuhl und nahm ein Ledergebiß, wie es von Luftgymnastikern verwendet wird, zwischen die Zähne. Dann befestigte er den Ring mit den vier Eisenketten im Haken des Mundstückes. Der Sprechstallmeister bat fünf Musiker auf das Podest. Als diese Platz genommen hatten, gab Milo bei lautem Trommelwirbel ein Zeichen,

Milo Barus hinderte auf diese Weise die Autos am Anfahren

und der Flaschenzug hob Milo an, der mit den Zähnen das Podest einschließlich der fünf Musiker, dem Klavier und den Eisenketten hielt. Obwohl diese Kraftleistung sehr gefahrvoll war, stellte sie doch eine absolute Spitzenleistung dar, die selbst ein Weltmeister benötigt, um sich für längere Zeit zu behaupten. Nach der Klaviernummer von Kairo konnte er sich kaum noch vor Angeboten retten. Nord- und südamerikanische Manager drahteten ihre Angebote nach Ägypten. Ihn lockte der Kontinent Amerika sehr. So begann er an der Spitze Südamerikas, in Feuerland, eine Amerika-Tournee.

In Buenos Aires fand 1934 wiederum eine Weltmeisterschaft statt, während der Milo Barus zum fünften Male Weltmeister der starken Männer wurde.

In São Paulo schloß Milo Barus mit dem Gouverneur der Stadt eine Wette ab: Milo verpflichtete sich, analog zur Kraftleistung mit den Autos, sich zwischen Armeeflugzeuge zu stellen und diese, wenn sie in entgegengesetzter Richtung starten, am Start zu hindern. Die Zeitungen verkündeten vierzehn Tage vorher in großer Aufmachung die geplante Sensation. Die zwei glitzernden leichten Militärflugzeuge standen in der Mitte der Rollbahn, eine Militärkapelle spielte den »Einzug der Gladiatoren«, und Milo marschierte im Kostüm eines Gladiators auf den Platz. Sein übliches Programm wurde auf die wesentlichsten Teile verkürzt dargeboten, und das dichtgedrängte Publikum applaudierte begeistert. Danach wurden an beiden Flugzeugen Ketten befestigt. Milo nahm die Ketten auf und ließ die Flugzeuge zunächst so weit wegrollen, bis er die Ketten in gestraffter Lage gleichmäßig halten konnte. Äußerst wichtig war es, mit krafttechnischer Erfahrung die entgegengesetzt wirkenden Zugkräfte aufzuheben, standzuhalten und Differenzen geschickt auszugleichen. Milo schaffte es und gewann damit die vom Gouverneur für die Wette ausgesetzte Geldprämie.

Mirano wurde damals für das Stemmen eines zweisitzigen Tandems in der ganzen Welt gefeiert. Milo Barus erweiterte ein Tandem auf vier Sitze und stemmte es einschließlich vier Personen darauf mit einer Hand hoch. Mit diesem Trick trat er in Kolumbien, unter anderem in Bogotà, auf.

1935 fand in New York wieder eine Weltmeisterschaft im Lastenheben und Stemmen statt. Milo Barus wurde zum sechsten Mal Weltmeister und ging bei Mr. Ringling-North, der die »Größte Schau zweier Welten« präsentierte, ins Engagement. Im Zirkus Ringling Bros. and Barnum & Bailey, dem größten Zirkusunternehmen der Welt, trat Milo täglich in zwei Vorstellungen auf. Er hob einen Elefanten auf einem Podest mit den Zähnen an, wie ein Jahr vorher in Kairo das Klavierpodest. In diesem Dreimanegen-Zirkus passierte Milo Barus im November 1935 ein Unglück. Milo hing am Haltestuhl der Mittelmanege und gab der Bedienung des Flaschenzuges das Zeichen zum Anheben. Diese wurden aber durch das Scheinwerferlicht geblendet, und so zog der Flaschenzug nicht im verabredeten Moment, sondern etwas später an, als Milo das Ledergebiß herausnehmen wollte, um erneut ein Zeichen zu geben. Dadurch wurden Milo alle Vorderzähne herausgerissen. Acht Wochen brachte er in New-Yorker Krankenhäusern zu, und alle Zahnkrafttricks schienen nunmehr für ihn für immer unmöglich zu sein. Nach seiner Entlassung aus dem Krankenhaus kehrte er mit dem nächsten Dampfer nach Hamburg zurück.

In Deutschland waren inzwischen die Nationalsozialisten an die Macht gekommen. Der Artist Milo Barus, der seit 1925 Mitglied der Sozialdemokratischen Partei der Tschechoslowakei war, erschien ihnen recht verdächtig, und sie »ersuchten« ihn, das Gebiet Deutschlands schnellstens wieder zu verlassen. In seiner tschechischen Heimat wurde Barus dafür um so aktiver in der Widerstandsarbeit gegen die Faschisten. Während es immer wieder Athleten gab, die ihre Kraftkunststücke zur Demonstration militaristischer und chauvinistischer Zwecke mißbrauchen ließen, war Milo Barus einer derjenigen, die auch in der »kosmopolitischen« Artistik einen klaren Klassenstandpunkt vertraten. Als er im Mai 1936, von seiner Partei dazu beauftragt, im oberschlesischen Neiße Verbindung mit deutschen Genossen aufnahm, wurde er von der Gestapo verhaftet, nach ihren berüchtigten Methoden vernommen und ein halbes Jahr später wegen Landesverrats zu viereinhalb Jahren Zuchthaus verurteilt. Nach seiner Entlassung 1941 wurde er unter Polizeiaufsicht gestellt und in den Weidenauer Steinbruch zwangsverpflichtet, was nur zur Folge hatte, daß er im Umgang mit den ebenfalls dort schuftenden Kommunisten in seiner Weltanschauung noch gefestigt wurde. Aber es gab in diesem Jahr noch einen anderen Lichtblick: Er lernte seine spätere Frau und Assistentin Marthel kennen.

Martha Scholz war verwitwet und hatte drei minderjährige Kinder. Sie heirateten bald, und Milo fand eine Stelle als Chauffeur, seine Frau wurde sein Beifahrer. Mit dem Fahrzeug konnte er wenigstens für kurze Zeit der Polizeiaufsicht entrinnen.

Nach 1945 ließ sich die Familie Barus in Bayern nieder. Er arbeitete auf einem Bauernhof, hatte genügend zu essen, um seinen riesengroßen Hunger zu stillen, und fand auch wieder Zeit zum Trainieren. Bereits nach knapp zwei Jahren konzentrierten Trainings konnte sich Milo Barus im Januar 1947 in alter Frische sehen lassen. Er war froh, wieder als Artist arbeiten zu dürfen, und trat Engagements in den Zirkussen Krone, Max Holzmüller und Oskar Hoppe an.

Aus eigener Kraft baute er sich ein Reisevarieté auf. Weltmeister Milo Barus zeigte eine »Olympia-Sportschau« in Bayern, Mittel- und Oberfranken und 1949 mit neuen Artisten in Württemberg und Baden. Das große Wirtschaftswunder ging jedoch an ihm vorbei.

Milo merkte, daß man mit Leistung allein nichts werden konnte, man mußte Beziehungen haben und Nervenkitzel bieten. In Rastatt wiederholte er seinen unblutigen Stierkampf von Barcelona. Damit kam Milo im Vergnügungsgewerbe wieder ins Gespräch.

Nachdem der schwedische Manager Gunar Petersson Milo überredet hatte, nach Schweden zu kommen, reiste Barus mit seinem kleinen Unternehmen im Mai 1950 nach Malmö.

Obwohl die Schweden in diesen Nachkriegsjahren keine gute Meinung von den Deutschen hatten, imponierten ihnen Milos Leistungen sehr. Doch dann geschah das Unglück. Am 16. September 1950 brannte innerhalb einer knappen Stunde das kleine Reisevarieté von Milo Barus völlig ab. Da die Polizei niemanden fand, der den Brand gelegt oder verursacht hatte, fand sich auch niemand, dem eine Rechnung vorgelegt werden konnte. Weil Milos Unternehmen auch nicht versichert war, ging er pleite und hatte nicht einmal mehr so viel Kronen, um die Heimreise antreten zu können. So arbeitete er im Zementwerk und seine Frau in einer Spinnerei, bis das Fahrgeld erspart war.

1952 kam Milo Barus mit seinem 1,5-Tonnen-Lastwagen voller Requisiten »schwarz« über die Grenze in die DDR.

Zwei Tage durfte Milo bei der Volkspolizei in Gebersdorf Quartier nehmen, denn die Schilderung seines bisherigen Lebens als Weltreisender, Artist und Zuchthäusler erschien den Polizisten doch etwas zu unwahrscheinlich. Milo war es im Moment auch gleich, wo er übernachtete, ein Pensionszimmer konnte er sich sowieso nicht leisten. Am dritten Tag fuhr er weiter, denn man glaubte ihm inzwischen, daß er der stärkste Mann der Welt war. Er bezog in Sonneberg eine Wohnung, seine Frau war bald nachgekommen. Kurz danach zeigte Milo in Sonneberg, wie er mit seinem neuen Gebiß einen vollbesetzten Bus die Straße entlang ziehen konnte. Milo hatte sich eine neue Spezialität zugelegt: Er drehte mit den Fingern aus Hufnägeln Korkenzieher. Zirkus Aeros holte Milo Barus nach Leipzig. Hier gehörte zu seinen Tricks, zwei 15-Millimeter-Rundeisen so lange auf seinen Brustkorb zu schlagen, bis sie sich so gebogen hatten, daß sie wie ein Korsett seinen Oberkörper umschlangen. Er zerriß binnen weniger Sekunden Eisenketten, die er um seinen Oberkörper legte und durch tiefes Einatmen mit der Spannung des Brustkorbes sprengte. Zum Beweis seiner Kraftleistung ließ Milo die gerissenen Kettenglieder in ein Material-Prüfinstitut der DDR schicken und erhielt die Bestätigung, daß keine Präparierung oder Täuschung vorlag. Das Leipziger Publikum spendete Barus allabendlich stürmischen Beifall, und der Zirkus war lange Zeit stets ausverkauft.

Nicht nur in Sonneberg und Leipzig, sondern auch in den Bezirken Gera, Suhl und Erfurt wurde Milo schnell bekannt. Seine Auf-

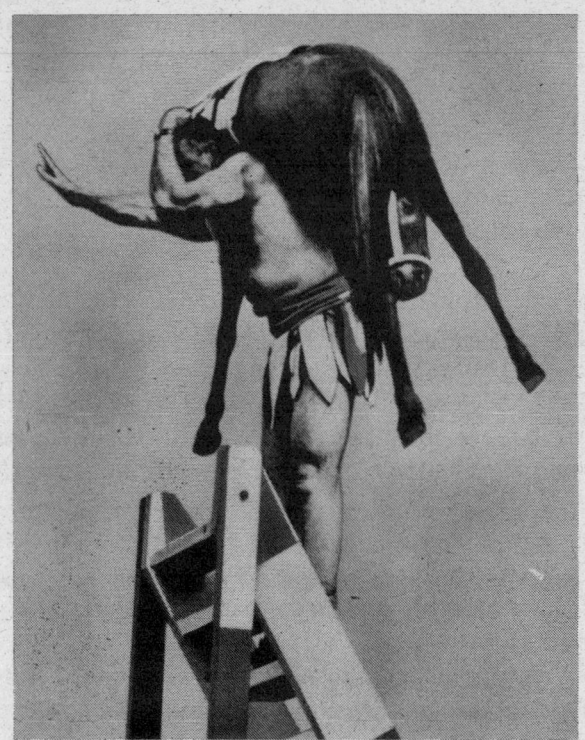

Barus trug ein Pferd über die Leiter

tritte wurden immer vielseitiger. So hob er in Gera einen vollbesetzten Straßenbahntriebwagen aus den Schienen. Da nicht jeder, wann
und wo es ihm beliebt, Straßenbahnen aus den Schienen heben darf,
wollte ihn die Volkspolizei dafür wegen groben Unfugs belangen. Bei
einer anderen Gelegenheit zog er einen mit 50 Jugendlichen besetzten Bus an einem Seil, dessen Schlinge er mit dem Mund hielt, etwa
30 Meter auf einer Geraer Straße entlang.

Milo erhielt die Konzession zur Eröffnung der Gaststätte »Kloster-
bräu-Stübl« in Stadtroda. Obwohl er nun als Gastwirt seßhaft war,
reiste er noch oft und gern, um das Publikum mit seinen Darbietungen zu erfreuen. Er zerriß Spielkarten bis zu 135 Blatt, schlug mit der
flachen Hand Nägel in eine 5 cm dicke Holzbohle und verbog und

brach mit der Hand Hufeisen, ähnlich dem »Eisenkönig« Breitbart. Er ließ sich einen zentnerschweren Feldstein auf dem nur durch ein Handtuch geschützten Kopf von zwei kräftigen Sportlern im Rundschlag mit großen Schmiedehämmern zerschlagen. Milo konnte mit den Zähnen einen Gegenstand von 130 kg balancieren, ein richtiges Kinderkarussell mit acht Personen besetzt auf den Schultern tragen und seinen Brustkorb von einem 1,5-Tonnen-Auto überfahren lassen.

1963, nach einem Herzinfarkt, war der Herkules Milo Barus gezwungen, von den Bühnen und Manegen Abschied zu nehmen. Dank der Fürsorge seiner Frau und durch seinen starken Willen erholte er sich bald wieder. Das Ehepaar Barus hatte schon vor Jahren das im schönen Mühltal bei Eisenberg gelegene Waldhaus »Meuschkensmühle« erworben und die Mühle in kurzer Zeit in eine attraktive Gaststätte verwandelt.

Bier servierte Milo Barus auf einer schweren und dicken Eisenplatte. Mit kleineren Vorführungen, wie dem Durchschlagen eines Bleistiftes mit einem zusammengerollten Zehn-Mark-Schein, unterhielt er seine Gäste.

Als sich sein Gesundheitszustand verschlechterte, mußte er die Bewirtschaftung der Gaststätte »Meuschkensmühle« aufgeben.

Nach einem erfüllten Leben, dessen Höhen und Tiefen er kennengelernt hatte, zog es ihn wieder in die Gegend, in der er die ersten Schritte seiner Laufbahn gegangen war. Am 1. Oktober 1977 starb er im Alter von einundsiebzig Jahren in Mühldorf in Oberbayern. Seine Leistungen jedoch werden noch lange im Gespräch bleiben, denn kaum ein anderer Kraftakrobat erreichte seine Vielseitigkeit.

21

Vilmos Milano

Es war Ende März 1977, als sie mir in ihrer Dresdner Neubauwohnung gegenübersaßen und aus ihrem ereignisreichen Leben berichteten: der breitschultrige ehemalige Zirkusdirektor Vilmos Milano und seine Frau Sonja.

Es war nicht einfach, sie zum Erzählen zu bringen. Was der Abschied vom Zirkus für einen Artisten bedeutet, kann eigentlich nur ein Mensch empfinden, der, wie Sonja und Vilmos Milano, ein Leben lang mit ihm und in ihm gelebt hat und mit Leib und Seele Artist war, Kraftakrobat, Zirkusdirektor und Dompteuse. Erinnerungen an ihre großen Erfolge und ihren Zirkus rissen auch gewisse Wunden wieder auf; doch dann siegte die Begeisterung für den Zirkus über ihre Zurückhaltung. Herr Milano erläuterte mir anhand einer stattlichen Anzahl Bilder verschiedene Tricks und zeigte mir einige alte Requisiten, wie die mit Bleischrott gefüllte Kugel, die er einst mit den Zähnen anhob, das Nagelbrett, auf das er sich vor wenigen Jahren noch legte, und vieles andere. Schließlich demonstrierte er praktisch, wie »einfach« es sei, seine Frau und mich mit einer Hand hochzustemmen. Als Frau Milano und ich wieder heil auf dem Stubenteppich angelangt waren, konnte ich einschätzen, was in Vilmos Milano noch für Kräfte steckten. Dieser Mann war also noch zu einigen ansehnlichen Tricks fähig. Er mußte meine Gedanken erraten haben, als er bemerkte: »Ja, man muß im richtigen Moment aufhören!«

Der am 8. Juli 1913 im ungarischen Zalaegerszg geborene Wilhelm Müller atmete schon als kleiner Junge im elterlichen Zirkusunternehmen Manegenluft. Seine Mutter war Ungarin, sein Vater Deutscher. Bereits mit sechs Jahren trat der Junge im Zirkus auf. Zu einer

Vilmos Milano als Kraftakrobat

eigenen Nummer reichte es natürlich noch nicht, den Salto vorwärts und andere akrobatische Übungen beherrschte er jedoch schon. Vilmos war ganz nach dem Großvater geraten, der nach seinen Schilderungen ein großartiger Kraftmensch gewesen sein muß. Eine über fünfzigjährige Tante soll noch spielend den einarmigen Handstand gezeigt haben. Kraftübungen waren demnach in Milanos Jugend durchaus üblich.

Willi übersiedelte 1934 mit seinen Eltern nach Deutschland. Doch der erwartete Erfolg blieb aus, statt dessen gab es große Schwierigkeiten, weil die Familie den Ariernachweis schuldig bleiben mußte. Aus dem Zirkus wurde eine kleine Arena, mit der sie sich gerade so über Wasser hielten. Durch viel Fleiß war aus dem Jungen der Kraftakrobat Vilmos Milano geworden. Er zeigte eine stattliche Anzahl kraftakrobatischer Tricks und wurde mit seiner Nummer bei vielen Zirkusunternehmen engagiert. Ständig verbesserte er seine Tricks und orientierte sich an solchen Meistern wie Siegmund Breitbart und anderen.

Er erschien als ein wohlproportionierter ansehnlicher Athlet. Sonst hätte ihn seine außergewöhnlich hübsche Frau damals bestimmt auch übersehen.

Sonja Milano hatte sich eigentlich schon fest dem Frankfurter Theater verschrieben, als sie ihren Mann kennenlernte. Im engeren Kontakt mit den Zirkustieren entdeckte Sonja Milano ihre Fähigkeit, durch große Tierliebe, unendliche Geduld und einen eisernen Willen beachtliche Dressurleistungen zu vollbringen.

Der grausame Bombenangriff auf Dresden verschonte auch die Familie Milano nicht. Nach der Ausbombung zogen sie nach Sebnitz, wo sie bereits im Mai 1945 die ersten Varieté-Vorführungen gestalteten. 1949 rief Vilmos Milano den Zirkus Milano ins Leben. Der Anfang war sehr bescheiden. Vier Pferde, ein Esel, zwei Wohnwagen und ein Packwagen stellten neben wenigen Artisten den Zirkus dar. Das Programm der ersten Saison enthielt zur Hälfte Ringkämpfe. Bereits in der zweiten Saison füllte die Artistik beide Programmhälften aus. Der Zirkus Milano entwickelte sich rasch. Die Familie Milano selbst nahm unter den Artisten des Zirkus den Hauptplatz ein. Jedes Familienmitglied arbeitete in der Manege. Auch der Direktor Vilmos Milano ließ es sich nicht nehmen, neben der Leitung des Zirkus täglich zu trainieren und mit seiner Kraftnummer aufzutreten.

Als Vilmos Milano im Mai 1961 die Redaktion der Zeitschrift »Freies Wort« in Ilmenau aufsuchte, um eine Werbeanzeige drucken zu lassen, äußerten die Redakteure Zweifel daran, daß der vor ihnen stehende Mann ein bekannter Kraftartist sein sollte. Hufnägel mit den bloßen Händen zu Korkenziehern zu drehen erschien ihnen unglaublich. Man bat den Athleten um etwas Geduld und schickte einen Mitarbeiter zum Schmiedemeister Ramming, einen Hufnagel zu holen. Die Gesellen des Meisters hörten davon, wollten sich dieses Schauspiel nicht entgehen lassen und kamen mit in die Redaktion. So waren sie mit den Redakteuren Zeuge, wie Vilmos Milano eine Probe seines Könnens gab. Den Korkenzieher aus einem ehemaligen Hufnagel nahmen sich die Schmiedegesellen als Souvenir mit. Diese unvorhergesehene Prüfung war für den Zirkus die beste Werbung. Die Zeitung schrieb am anderen Tag einen großen Artikel über das Erlebte und den Zirkus. Die sechshundert Gäste des Zirkus verfolgten gebannt das Geschehen, wenn Vilmos Milano eine Kugel von

300 Pfund mit seinen Zähnen hob und dabei noch unerhörte Armkraft mit einem Expander bewies. Als der Artist dann diese Kugel mit einem Finger etwa 80 cm hoch hob und dabei noch lächelte, stellte stürmischer Beifall den schönsten Lohn für die Anstrengungen dar. Vilmos Milano trug auf seinen Schultern einen Holzbalken mit zwölf darauf sitzenden Erwachsenen durch die Manege. Er bog und zerbrach Hufeisen, zerriß Eisenketten, trug ein sich drehendes Karussell mit sechs Personen und dazu noch eine Person zusätzlich im Genick. Während seiner Blütezeit soll er wie Jagendorfer und Barus ein Pferd ausgestemmt und durch die Manege getragen haben. Vilmos legte sich mit dem Rücken auf ein Nagelbrett und ließ dabei zehn Personen über seinen Brustkorb gehen.

In Rückenlage beschwerte man Vilmos Milanos Brust mit einem Amboß. Gäste aus dem Publikum durften dann mit Vorschlaghämmern im Wechsel auf den Amboß schlagen. Der Kraftakrobat lag auf einem Brett, das seinem Körper angepaßt war. Dadurch wurden die Kräfte gleichmäßig auf den Körper verteilt. Die Trägheit der Amboßmasse wirkt sich bei solchen Tricks ebenfalls noch schlagdämpfend aus. Aus diesen und weiteren Tricks setzten sich seine Darbietungen zusammen.

An einem feuchten Tag 1968 in Lommatzsch holte sich der Artist einen Lungenriß. Er fühlte sich schon vor jener Vorstellung nicht wohl, trat aber trotzdem auf, hielt die schwere Kugel von 150 kg mit seinem Genick, drückte über den Rücken einen Expander mit 600 kg Zugkraft und zog parallel dazu zwei Autoschläuche überkreuz auseinander. Plötzlich rutschte er mit einem Fuß weg, und es war passiert. Nach dem Lungenriß mußte Vilmos Milano von der aktiven Kraftakrobatik zurücktreten, um so mehr, als 1971 noch ein Herzinfarkt dazukam.

Frau Milano hatte 1952 mit Bären und 1954 mit Löwen zu arbeiten begonnen. Sie brachte es unter anderem fertig, daß eine Löwin das Fleisch, das man ihr zum Fressen reichte, auf Kommando freiwillig wieder hergab. Und Abend für Abend legte sie ihren Kopf in den Rachen eines Löwen. Sonja Milano arbeitete in ihrer aktiven Zirkuslaufbahn mit insgesamt acht Löwen, zehn Braunbären, drei Schlangen, drei Schimpansen und mit Tauben. Frau Milano betrat als

Der Zirkus Milano 1970

einzige Dompteuse in der DDR den Raubtierkäfig ohne Peitsche und andere Hilfsmittel. Am 13. August 1960 kam sie in Schwaan knapp mit dem Leben davon. Zwei Zuschauerinnen erschreckten durch schrille Schreie die Löwin Roya gerade in dem Augenblick, als Frau Milano ihren Kopf in deren Rachen steckte. Die Artistin mußte ins Krankenhaus gebracht werden. Die Narben in ihrem Gesicht waren siebzehn Jahre später noch zu sehen. Sonja Milano war derzeit die einzige Frau Europas, die es wagte, ihren Kopf in den Rachen eines Löwen zu stecken.

Schon 1960 ließ sich der sechzehnjährige Sohn Michael als damals jüngster Dompteur der DDR von seinen Braunbären Zucker aus dem Mund nehmen. Ein Jahr später bewies er sein Können mit drei Löwen. Den Höhepunkt seiner Dressur stellte der Sprung eines Löwen durch brennende Reifen dar. 1961 waren es drei und 1963 bereits fünf brennende Reifen.

Sein Lebensweg verlief wie der vieler Artisten. Er wurde im Zirkus groß, ritt mit fünf Jahren auf Pferden und übte sich in der Akrobatik. Mit sieben Jahren nahm ihn seine Mutter mit in den Käfig zu den Raubtieren. Mit zwölf Jahren begann Michael nach den Anleitungen der Mutter mit Bären zu arbeiten. Nachdem seine Mutter den schweren Unfall erlitt, übernahm er die Löwengruppe.

Michael Milano hat auch etwas von seinem Vater und Urgroßvater geerbt. Dies beweist nicht zuletzt seine Nummer, in der er den 3 bis

187

4 Zentner schweren Braunbären lächelnd aus der Manege trägt, als würde es ihm gar nichts ausmachen.

Nach Meinung seines Vaters fehlt ihm zum Kraftakrobaten nur das ungewöhnlich muskulöse Aussehen. Seiner Meinung nach wollen es die Zuschauer dem Athleten schon äußerlich ansehen, daß er außergewöhnliche Kräfte hat, sonst entstehen Zweifel und Mißtrauen. Alexander Sass hatte sich schon in England mit diesem Problem auseinanderzusetzen. Er wäre wohl noch wesentlich erfolgreicher gewesen, wenn er zu seiner Körperkraft das entsprechende Aussehen besessen hätte. Doch es gibt auch gegenteilige Beispiele. Ob Michael Milano als Kraftakrobat ähnliche Erfolge erzielt hätte, ist ungewiß. Fest steht aber, daß er als Dompteur einen Ruf besitzt. Er wirkte in vielen DEFA-Indianerfilmen mit und fand auch bei seinen Auftritten im Ausland große Anerkennung.

Mario Milano arbeitete ebenfalls als Artist im Zirkus Milano. Seine Stärke lag im Umgang mit Pferden und in der Äquilibristik auf dem Drahtseil. Außerdem jonglierte er. Und auch die Zwillinge André und Armand standen in der Manege.

1971 wurde der Zirkus Milano aufgelöst. Fast alle Tiere stammten aus dem Dresdner Zoo und wurden diesem wieder übergeben. Michael Milano arbeitet heute noch mit seinen Braunbären bei der Konzert- und Gastspieldirektion, seine Brüder reisen als Schausteller, während Vilmos und Sonja Milano sich zur Ruhe gesetzt haben.

22

Kraftakrobatik
in der Sowjetunion

Für alle Zirkusdarbietungen gilt, daß auch die größten Schwierigkeiten mit Anmut und Grazie vorgetragen werden müssen, um den Zuschauer zu begeistern und zu bannen. Vor besonderen Problemen stehen dabei natürlich die Kraftakrobaten, sie vollbringen Schwerstarbeit und tragen ihre Nummer dennoch ästhetisch vor. Nur wirklich talentierte Artisten sind dazu in der Lage. Sie vervollkommnen ihre natürlichen Anlagen mit täglichem beharrlichem Training, allein auf diesem Wege gelangen sie zur wahren Kunst. Die sowjetischen Artisten können mit vollem Recht zu dieser Kategorie gezählt werden.

In der Geschichte der sowjetischen Kraftakrobatik nimmt in den zwanziger und dreißiger Jahren neben dem damals in England lebenden Alexander Sass Jakuba Tschechowskoi (1879–1941) einen würdigen Platz ein. Bereits während seiner Gymnasialjahre fiel Jakuba durch seine außerordentliche Kraft auf. Wenig später siegte er in zahlreichen Ringkampfmeisterschaften. Bei den Amateur-Schwerathleten-Wettbewerben im Winterstadion von Petersburg soll Tschechowskoi 1913 mit einer Hand sechs Grenadiere um das Stadion getragen haben, wofür er ehrenhalber den Goldenen Gürtel erhielt. Diese Rekordnummer hat bisher noch kein anderer Mensch wiederholen können.

Tschechowskois Körpermaße betrugen: Größe 180 cm, Gewicht 125 kg, Brustumfang 138 cm, Halsumfang 52 cm, Bizeps 50 cm.

Unter seinen Berufskollegen genoß Tschechowskoi große Achtung. Nach der Oktoberrevolution wurde er zum Vize-Vorsitzenden der Allrussischen Vereinigung der Ringer und Athleten gewählt. Mit seinem Namen ist die Aufstellung der ersten sowjetischen Sportkollektive verbunden. In Kraftdarbietungen mit »Lebendgewicht« hatte Jakuba Tschechowskoi nicht seinesgleichen. Auf einem über seine

Jakuba Tschechowskoi
beim einarmigen Heben von sechs Personen

Ein Plakat von Jakuba Tschechowskoi

Schultern gelegten Balken schaukelten vierzig kräftige Männer. Er bildete im Handstand die sogenannte »Athletenbrücke« und hielt dabei zehn Männer auf sich. Man legte ihm auf die Brust ein Podium, auf dem ein aus dreißig Musikern bestehendes Blasorchester Platz nahm und den Budjonny-Marsch spielte. Anschließend fuhren nacheinander drei Feuerwehrautos mit kompletter Besatzung über seine Brust, bei anderen Auftritten drei mit Menschen vollbesetzte Lastkraftwagen. Über seinen Schultern bogen vierzig Männer einen Doppel-T-Stahlträger. Im Zirkus trug Tschechowskoi zur Krönung seiner Vorführungen auf dem ausgestreckten rechten Arm sechs Männer um die Manege. Während seiner Darbietungen warf er auch schwere Hanteln hoch in die Luft, um sie mit der Brust oder mit dem Rücken wieder aufzufangen.

Seine aktive Tätigkeit als Kraftakrobat beendete Jakuba Tschechowskoi im Sommer 1937 mit einem Auftritt zugunsten der Waisenkinder spanischer Patrioten im Leningrader Dynamostadion. Sein ehemaliger Schüler A. Petrow, verdienter Meister des Sports der UdSSR und Weltrekordler der Schwerathletik, war lange Zeit als sein

Assistent an seinen Auftritten beteiligt. Er charakterisiert seinen Lehrer als einen großartigen Artisten, aber auch hervorragenden Gastgeber und interessierten Gesprächspartner. Die Tür seines Hauses stand immer offen, sowohl für Veteranen des Sports wie auch für Aktive und Anfänger. Noch als Rentner nahm er an Wettkämpfen von Athleten und Ringern als Schiedsrichter teil. Seine letzten Lebensjahre verbrachte er im verdienten Ruhestand. Jakuba Tschechowskoi starb im Juli 1941 in Leningrad.

In seiner Heimatstadt Grodno befindet sich im Museum eine ihm gewidmete ständige Ausstellung. Der alljährliche belorussische Wettbewerb der Schwerathleten nennt sich das »Jakuba-Tschechowskoi-Memorial«.

Unter dem Pseudonym Grimmi waren die Kraftakrobaten Michail J. Schwarzmann (1910–1967) und Grigori Kusmenko (1908–1952) bekannt. Schwarzmann begann seine Zirkuslaufbahn 1925, bis 1935 trat er in einem Akrobatentrio mit J. Rjabinin und A. Schewzow und danach in einem Akrobatenduo mit Grigori Kusmenko auf. Sie arbeiteten bis 1946 als »Bronzemenschen«, das heißt, sie strichen den Körper bronzefarben an. Später traten die Artisten getrennt auf: Kusmenko in der Luftnummer »Leuchtender Bambus«; Schwarzmann mit derselben »Bronzenummer« zusammen mit N. Tischin und W. Woropajew. Die Darbietung der »Bronzemenschen« erfolgte auf einem Podest in Form einer großen alten Uhr mit sich drehendem Oberteil und leuchtendem Zifferblatt. Durch eine ganze Reihe schwieriger Tricks der Kraftakrobatik änderten die Artisten langsam einer nach dem anderen ihre Stellung, die Posen, und schufen damit vielfältige Skulpturen.

Bis Mitte der zwanziger Jahre traten die Brüder Alexander (geb. 1908) und Wladimir Makejew (1910–1941) in verschiedenen Zirkusgruppen auf. Als Kraftakrobaten begannen sie 1927 in dem Trio »Römische Gladiatoren«, in dem sie mit dem Athleten N. Konoplew zusammenarbeiteten. 1929 schufen die Makejews eine selbständige Nummer, die bis 1949 bestand und allgemein anerkannt war. Die hauptsächliche Besonderheit der Nummer, die auch den Erfolg bestimmte, bestand in der künstlerischen Verbindung der kraftakrobatischen Kunststücke mit Elementen der musikalischen Exzentrik, beispielsweise dem Spiel auf der Gitarre, dem Saxophon oder dem

Die Nowaks mit ihrem Motorradkarussell

Harmonium. 1940 wurde aus dem Duo ein musikalisch exzentrisches Trio mit der Partnerin Valentina Triputin (geb. 1916) – der Frau Alexanders. Während des Großen Vaterländischen Krieges fiel Wladimir Makejew an der Front. Alexander setzte seine Tätigkeit im musikalisch-exzentrischen Duo mit seiner Frau fort. 1973 nahmen sie Abschied von der Manege.

Durch eine Fülle von künstlerischen Einfällen, Schwierigkeiten und vor allem durch bewundernswerte Leichtigkeit verblüfften die Barleys, Pseudonym der Kraftakrobaten Michail M. Barljajew (1912–1943) und Iwan St. Rusanow (1912–1978). Die Kostümierung sowie die Art und Weise der Darbietung war im märchenhaften Stil des Orients gehalten. Den Eindruck besonderer Leichtigkeit erweckten sie bei den Zuschauern durch ein »ununterbrochenes« Kunststück mit einer unvorstellbaren Vielzahl von Variationen. Dieser Eindruck blieb den Zuschauern sogar im Finale der Nummer, als der Untermann Barljajew seinen Partner mit rasanter Geschwindigkeit um sich »wickelte«, wobei er bis zu fünfzehn Umdrehungen machte! Barljajew fiel 1943 im Krieg, und damit hörte die Nummer auf zu existieren.

Von klein auf begeisterten sich die Brüder Alexander (geb. 1919) und Wassili Jalowye (geb. 1918) aus Kiew für den Sport und den Zirkus. Sie nahmen eifrig an den entsprechenden Laienzirkeln teil und versuchten mit allen Mitteln, zu einer Zirkusdarbietung zu kommen. Im Sommer 1930 sah sie der Regisseur Arnold zufällig in Aktion. Seine Erfahrung ließ ihn sofort die in den Jungen steckenden Möglichkeiten und ihre offensichtliche Neigung zur Artistik spüren. Durch seine Bemühungen waren die Jalowye bald in der Kiewer und etwas später auch in der Moskauer Manege zu sehen. In beiden wurden die Jungen mit stürmischem Applaus gefeiert. Von da an begann das Zirkusleben der Brüder Jalowye, das 35 Jahre andauerte. Während dieser Zeit reisten sie mit gleichbleibendem Erfolg fast durch die ganze UdSSR und nahmen an vielen Auslandsgastspielen teil (Australien, Naher Osten, Mongolei, USA, Japan usw.). In dieser Zeit absolvierte Wassili das Fremdspracheninstitut und Alexander die Musikschule, ohne daß sie auch nur einen Tag der Manege ferngeblieben wären. Ursprünglich überwog in ihren Auftritten der rein sportliche Stil. Das entsprach voll und ganz den zu dieser Zeit verbreiteten Tendenzen der sogenannten Versportlichung des Zirkus. Doch in dem Maße, wie es klar wurde, daß sich die sportlichen Aktionen in der Manege organisch mit den ästhetischen Elementen der Zirkuskunst verbinden müssen, veränderten auch die Jalowye ihre Nummer und erreichten dadurch eine sehr hohe Ausstrahlungskraft der Darbietung.

Die Jalowye kämpften im zweiten Weltkrieg als Offiziere und kehrten danach zur Bühne zurück. Mitte der sechziger Jahre verließen die Artisten die Manege und leiten seitdem Spezialklassen in der Kiewer Zirkusschule. Beide wurden mit dem Titel »Verdienter Künstler der Ukrainischen SSR« ausgezeichnet.

Der usbekische Artist B. Achnasarow
mit einem Zahnkraftakt im Handstand

Das Duo Kasejew und Manasarjan ging als eine der bemerkenswertesten Erscheinungen in die Geschichte des sowjetischen Zirkus ein. Rustam R. Kasejew (geb. 1929), 1976 als Volkskünstler der Baschkirischen ASSR ausgezeichnet, absolvierte das Technikum für Schweißer, dann 1959 das Moskauer Pädagogische Institut (Sektion Körperkultur) und danach 1968 das Staatliche Institut für Theaterkunst. In den Zirkus kam Kasejew als Kraftakrobat. Seine ersten Auftritte fanden dort als Untermann 1955 mit A. G. Kiseljew in Kaluga statt, er arbeitete mit ihm bis 1957 und danach mit Ruben O. Manasarjan (geb. 1933).

Die aserbaidshanischen Kraftakrobaten Nasirowa

Manasarjan hatte von 1953 bis 1956 in der Äquilibristik-Truppe von Milajew gearbeitet, danach wurde er der Partner Kasejews. Die Nummer wurde von Anfang bis Ende spielerisch dargeboten, mit feinem Humor und dabei sehr starken Tricks. Weit bekannt und beliebt in der UdSSR, hat das Duo mit Erfolg an vielen Gastspielen des sowjetischen Staatszirkus im Ausland (Australien, Belgien, Kanada, Italien, Kuba, Frankreich, USA u. a.) teilgenommen. 1966 trennten sich Kasejew und Manasarjan und traten mit anderen Partnern auf. Seit 1971 hat sich Kasejew erfolgreich auf ein für ihn neues Genre umgestellt – die Dressur von Bären.

In vielen Städten der DDR gab der Kraftjongleur und Verdiente Artist der Moldauischen SSR, Wsewolod Herz, einen Einblick in die Vielseitigkeit der sowjetischen Kraftakrobatik. Herz (geb. 1912) zeichnete sich gegenüber anderen Kraftjongleuren dadurch aus, daß er die schweren Kugeln und Gewichte mit besonderer Eleganz und Leichtigkeit handhabte. Man merkte seiner Arbeit sofort die hervorragende Schule an. Wsewolod Herz ist ein weiteres Musterbeispiel dafür, daß auch aus einem kleinen, schmächtigen Jungen ein Kraftakrobat werden kann. Der kleine Wsewolod kam oft weinend und mit zerrissenen Sachen aus der Schule, weil er das Opfer von Raufbolden geworden war. Er träumte insgeheim davon, die ganze Schulklasse einmal als Besiegte zu seinen Füßen liegen zu sehen. Leider war er als Kind einer der körperlich Schwächsten, und der Wunsch blieb ein Traum. Doch als er von Krafttrainingsmethoden las, sollte sich das bald ändern. Wsewolod hatte einen starken Willen und zwang seinen kleinen mageren Körper täglich zu den größten Strapazen: Waldlauf, Bäumeklettern, Springen und Heben. Er schaffte es schließlich, sich in einen regelrechten Athleten zu verwandeln. Mit siebzehn Jahren ging er zum Zirkus und stürzte sich mit Feuereifer in die Arbeit. Erstaunt und respektvoll blickten seine ehemaligen Mitschüler auf ihn, wenn er als Percheakrobat und Kraftjongleur in der Manege stand. Man konnte meinen, die gußeisernen Kugeln wären hohl oder aufgeblasene Fußbälle, so jonglierte sie Wsewolod Herz. Seit 1967 arbeitet er als Regisseur beim sowjetischen Staatszirkus.

Beim Gastspiel eines Ensembles des sowjetischen Staatszirkus 1969 in der DDR lernten die Zuschauer mit Anochin einen jungen Kraftjongleur kennen, der die Tradition der sowjetischen Kraftakro-

Die mongolischen Artisten Damdin

baten würdig vertritt. Unter anderem balanciert er, auf einer Kugel stehend, auf der Stirn eine Art dreiarmiger Perche, auf deren Schalen drei schwere Stahlkugeln ruhen. Mit einem Ruck schlägt der Artist die Perche weg, fängt zwei der Kugeln mit den Händen und die dritte mit dem Nacken auf.

Mit dem Armenischen Nationalzirkus gastierte 1983 der Kraftjongleur Valeri Gurjew in der DDR und verblüffte das Publikum mit seinen Tricks.

1961 schlossen Boris Lawin (geb. 1941) und Wladimir N. Kanarski (geb. 1941) in Moskau gemeinsam die Staatliche Schule für Zirkus und Estrade (GUZEI) ab. Das gemeinsame Interesse für die Akrobatik hatte die Jungen einander näher gebracht und das Entstehen einer gemeinsamen Nummer begünstigt. Unter Leitung des ehemaligen Akrobaten N. D. Schwerew wurden die Freunde an der Schule als gut eingespieltes Kraftakrobatenduo ausgebildet, das nun schon über 20 Jahre in der Unionsvereinigung der Staatlichen Zirkusse (Sojusgoszirk) aktiv ist. Zu Beginn der beruflichen Laufbahn von Lawin und Kanarski hatten die Kraftakrobaten Kasejew und Manasarjan die Spitzenstellung in der sowjetischen Kraftakrobatik inne. In ihre Fußtapfen traten nun die jungen Absolventen der GUZEI, wobei sie versuchten, in die Nummer ihre »Neuheiten« einzubauen. So war zum Beispiel eine der schwierigsten Kombinationen, wenn sich der Untermann Kanarski zweimal zu einer »Brücke« herunterließ, wobei er den Kopf auf den Teppich stützte, und sich zweimal von der »Brücke« aufrichtete, wobei er den Partner im Stand auf ausgestreckten Armen hielt.

Die jungen Artisten vervollkommneten die Kasejewer Methoden, insbesondere überbrückten sie die Pausen zwischen den einzelnen Tricks so, daß es aussah, als führten sie einen stummen Dialog. Lawin und Kanarski sind inzwischen den Zuschauern vieler Städte der UdSSR, der Tschechoslowakei, Indiens, der DDR und in Ländern Westafrikas und Lateinamerikas bekannt.

Im Jahre 1965 verließen Wjatscheslaw W. Borisenko (geb. 1947) und Arkadi B. Burdezki (geb. 1947) die Moskauer GUZEI. Bis 1970 traten sie in der Perchenummer unter Leitung von R. R. Manukjan auf. Manukjan balanciert eine hohe Perche, die am oberen Ende eine winzige Plattform trägt. Borisenko zeigte in luftiger Höhe einen Salto und landete traumhaft sicher. Burdezki drehte sich mit rasender Geschwindigkeit unter der Kuppel um die Perche. Nachdem sie 1970 auf Kraftakrobatik umgestiegen sind, haben die Artisten einen bedeutenden Platz in diesem Genre errungen. Man erinnert sich beispielsweise an Burdezkis Kopfstand auf dem ausgestreckten Arm von

Wjatscheslaw Anochin

Borisenko, wobei er in dieser Stellung wie ein Spielball von einer Hand in die andere geworfen wird. Oder Burdezki bringt vom »Kopf auf Kopf« aus Borisenko zu einer ganzen Drehung um seine Achse.

Der Auftritt beider Partner begeistert die Zuschauer durch seine vergnügte Leichtigkeit.

Auch Viktor M. Sdobnin (geb. 1946) absolvierte 1967 die GUZEI und war danach in verschiedenen Nummern tätig. 1971 schloß er sich mit Juri J. Iljuschin (geb. 1947) zusammen zu einem Kraftakrobatenduo. Sdobnin und Iljuschin sind von Natur aus gelenkig. Durch systematische Arbeit an der Vervollkommnung ihres künstlerischen Repertoires gelangten Sdobnin und Iljuschin in die Reihen erstklassiger Meister der Kraftakrobatik.

Als weitere hervorragende sowjetische Gruppen dieses Genres können noch genannt werden: Alexander D. Wlasow (geb. 1943) und Oleg S. Kalas (geb. 1939), Juri M. Demagin (geb. 1951) und Roman P. Korobka (geb. 1954), Juri N. Drobot (geb. 1944) und Georgi I. Prozenko (geb. 1951), Alexander A. Makowej (geb. 1948) und Juri A. Alexandrow (geb. 1952), Ruben O. Manasarjan (geb. 1933) und Juri A. Wolodtschenkow (geb. 1943), Alexander I. Musalew (geb. 1945) und Boris A. Krasnoselow (geb. 1947).

Bei den verschiedenen künstlerischen Schwierigkeitsgraden und Niveaus der Ausführung haben alle diese Artisten und Nummern eine Besonderheit: die Verbindung von Kraft und Schönheit, Unermeßlichkeit der physischen Anstrengungen und dennoch ungewöhnliche Leichtigkeit und Humor, wenn die schwierigsten Tricks als lustige Streiche angesehen werden, so als würden sie keinerlei Anstrengungen erfordern.

Von 1945
bis zur Gegenwart

Mit dem Völkermorden des zweiten Weltkrieges war auch das Gerede vom kraftstrotzenden Übermenschen verstummt. In den Trümmern begann das Leben mühsam wieder aufzuflackern. Und auch wenn soviel Lebensnotwendiges und Dringendes den Vorrang haben mußte, war doch der Drang nach Vergnügen und Entspannung so stark, daß gerade die Artistik in dieser Zeit eine wichtige Funktion bekam. Und trotz zerstörter Zirkus- und Varietébauten, all der Schwierigkeiten und Entbehrungen fanden sich bald Artisten zusammen, die in bescheidenen Programmen den Menschen, die unsagbar hart an der Überwindung der Kriegsschäden arbeiteten, ein wenig Freude und Entspannung boten. Auf dem Gebiet der Kraftakrobatik knüpfte man vor allem an die Traditionen der Arbeitersportvereine an, die nun – nach dem Zusammenbruch des »Tausendjährigen Reiches« – auch wieder gegründet wurden.

Zu den bekanntesten Kraftakrobaten jener Nachkriegsjahre zählten der Berliner Paul Aros, der mit 15 kg schweren Kugeln wie mit Äpfeln jonglierte, und Giant Kleweska, der seine Kraftleistungen mit Expandern zeigte und der »3-PS-Mann« genannt wurde. Im Kostüm der römischen Gladiatoren drehte Baldur schwere Wagenräder. Neben der Balance ist dabei die große Rotationskraft einzuschätzen und abzufangen. Baldur hatte weitere exzentrische Kraftakte in seinem Repertoire und trat auch mit seiner beliebten Kraftdarbietung »Zwei Cravenas« auf.

1953 jonglierte ein Kapitän Bernardi in Budapest u. a. mit Granaten, Stahlkugeln und Reifen.

1965 bereiste der Kraftakrobat Arthur Robin als »Mister Universum« mit dem Zirkus Franz Althoff viele Großstädte der BRD. Er stellte seine Expanderarbeit mit vielseitigen Schauelementen vor.

Kraftjonglerie von Paul Aros

Der Träger des selbsterfundenen Ehrentitels »Mann mit dem eisernen Kiefer« und Inhaber vieler gleichfalls selbsterfundener Weltrekorde, der Bretone Le Gall, stellte einen neuen tatsächlichen Rekord auf. Er setzte sich ein Karussell auf Kopf und Schultern und stand als Achse auf einem Podest, während sechs begeisterte Kinder sich auf dem Karussell drehten. Le Gall zählte damals immerhin schon 56 Jahre.

Amerikas Olympiasieger 1956 im Schwergewichtheben, Paul Anderson, verdiente sich als »Kran von Tennessee« und »stärkster Mann der Welt« während der sechziger Jahre sein Brot im Zirkus. Er

Will Franks und Assistentin

hob die Kinder einer ganzen Schulklasse samt ihrer Lehrerin (etwa 1200 kg Gesamtgewicht) mit bloßer Muskelkraft von einem eisernen Gestell aus etwa einen halben Meter vom Erdboden hoch und setzte sie sanft wieder auf.

Gleichzeitig mit einer schweren Stahlkugel, einer Sektflasche und einem Tischtennisball jonglierte Will Franks (bürgerlicher Name Emmerich Frank). Dabei mußte er in Bruchteilen von Sekunden den Kraftaufwand wechseln. Nach dem Vorbild von Spadoni zeigte er einen Trick, der jedem Zuschauer eine Gänsehaut über den Rücken jagte: das Auffangen einer hochgeworfenen Stahlkugel mit dem Genick. Er hat jahrelang an diesem Trick gearbeitet und das Gewicht langsam erhöht, von einem Gummiball über eine Holzkugel bis zur schweren Stahlkugel. Während seiner Darbietungen steigerte sich der Schwierigkeitsgrad bis zum Schluß immer mehr. Den Höhepunkt seiner Nummer bildete eine Antipodenarbeit. Er lag als Jongleur auf dem Rücken, wobei das rechte Bein eine 50-kg-Hantel balancierte, die Hände drei Stahlkugeln jonglierten und das linke Bein einen

Zierring drehte, eine außerordentlich schwierige Leistung. Will Franks arbeitete schon seit seinem vierzehnten Lebensjahr als Artist. Gemeinsam mit seinem Bruder Udo zeigte er beispielsweise die Äquilibristik-Nummer »Frank und Udo«, die unter anderem einen Kopf-auf-Kopf-Stand ohne jegliche Hilfsmittel und Vorteile enthielt. Seine Frau war ebenfalls in seiner Nummer tätig. Franks Spitzenleistungen wurden in vielen Ländern vorgeführt.

Als Kraftjongleur wurde auch der Rumäne Grigore Csegedi bekannt, der mit Stahlkugeln, Granaten und eisernen Stäben arbeitet. Sein Spitzentrick ist der Kugelfang einer vom Schleuderbrett aus geschleuderten Kugel mit dem Nacken. Das Publikum der DDR lernte

Giant Kleweska, der »Mann mit den 3 PS«

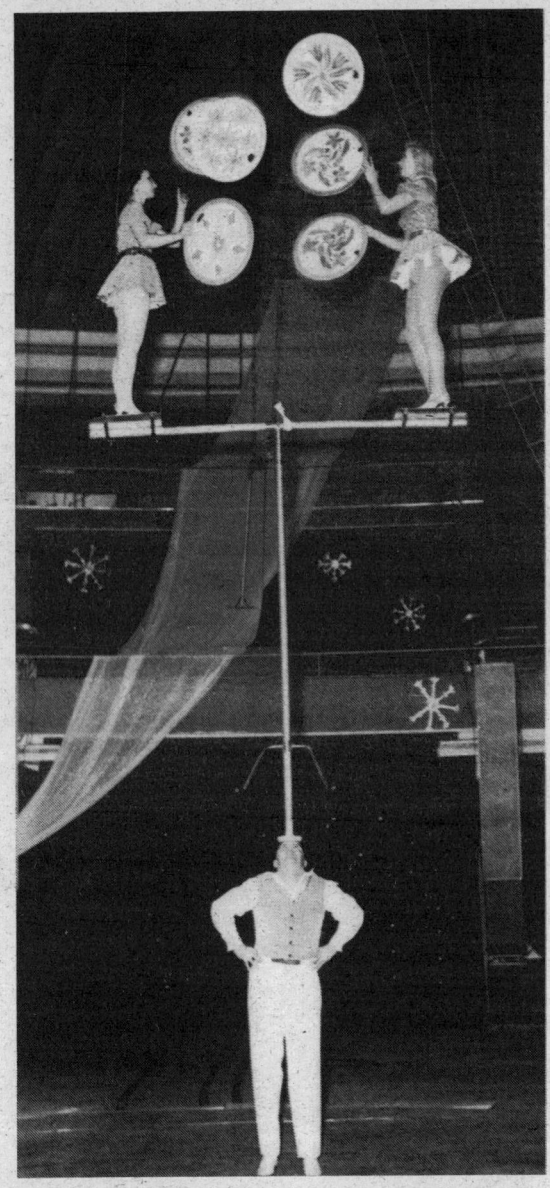

Das Trio Scegedi aus der SR Rumänien

Abdullah zeigte auch das Kettensprengen

ihn und seine Darbietung beim Gastspiel des Zirkus »Bukarest« kennen, das er als Direktor leitete. Seine Kraftnummer war unbestreitbar eine der Attraktionen des Programms.

In der deutschen Circuszeitung schrieb der Direktor des dänischen Familien-Zirkus Arena, Arne Olsen, 1971, daß die Saison sehr erfolgreich war. Der selbst als Sprechstallmeister und Zauberer arbeitende Direktor gab auch zu verstehen, daß daran der Star im Programm einen entscheidenden Anteil hatte. Dieser Star war zweifellos der 1910 in Kairo geborene Abdullah el Hag. Abdullah kam als Kind 1913 mit einer aus Ägypten und dem Sudan stammenden 52köpfigen Gesellschaft nach Europa und hatte einen sehr wechselvollen Lebenslauf. 1914 wurde die Gruppe in Plauen interniert. Carl Hagenbeck holte sie aus dem Lager heraus, und sie traten vier Jahre lang in seinem Tierpark in Hamburg-Stellingen als Völkerschau auf. In Hamburg wurde Abdullah Lehrling einer Akrobatengruppe des Zirkus Hagenbeck. Sie gastierte bei Sarrasani, in Skandinavien und Polen. Bei einem Gastspiel 1918 in Budapest wurde der Truppenchef Ben Buri-jama bei bewaffneten Auseinandersetzungen getötet, und die Truppe ging auseinander. Abdullah übte sich weiterhin in der Akrobatik. Mit elf Jahren kam er zu Edy Polz nach Wien, der den Jungen zum Kraft-akrobaten trainierte. 1926 trat er im österreichischen Zirkus Labriola als Kraftakrobat auf. Es folgten Engagements bei so bekannten Zir-kussen wie Krone in Deutschland, Rebernigg in Österreich, Stey in der Schweiz, Kludsky in der Tschechoslowakei und Staub-Fischer in Schweden. Bei Staub-Fischer stellte er 1933 in Stockholm einen neuen Weltrekord der Kraftakrobatik auf: Er ließ, mit dem Rücken auf einem Nagelbrett liegend, drei Elefanten über seine Brust gehen. Der größte Elefant wog 2 380 kg. Abdullah arbeitete danach vorwie-gend in skandinavischen Zirkussen, gastierte aber auch in den Nie-derlanden und in Deutschland. Neben seinen Elefantentricks gehör-

Ivan Karl, der kleinste Kraftakrobat der Welt

Marcus fängt Granaten mit dem Genick

ten zu seinem Repertoire das Überfahrenlassen von einem Pkw, das Kettensprengen, und falls kein Elefant vorhanden war, nahm er auch sechzehn Personen auf seine Brust, wenn er auf dem Nagelbrett lag.

Sehr populär waren seine Auftritte in den Folket-Parks Schwedens. Abdullah zeigte trotz seines Alters noch bis zu seinem Tode 1984 seine artistischen Künste und war einer der letzten Kraftakrobaten, die noch auf Volksfesten arbeiteten.

Als gegenwärtig wohl kleinster Kraftakrobat der Welt gilt der 1928 in Northampton geborene Engländer Ivan Karl (bürgerlicher Name Anthony Carroll), er mißt nur 1,37 m. Mit vierzehn Jahren begann er zu boxen, gab diesen Sport jedoch mit einundzwanzig Jahren wieder auf, da seine Körpergröße ein unüberwindbares Handicap war. Er wechselte zum Gewichtheben über und wurde 1957 britischer Meister im Leichtgewicht. Nach zweijährigem Training hatte er 1960 sein Debüt als Kraftakrobat »The Mighty Atom« (das mächtige

Atom) in Englands kleinstem Zirkus Gandey's United Circus. Seit 1961 tritt er unter dem Namen Ivan Karl auf und reiste mit fast allen britischen Zirkussen. 1971 begab er sich mit dem Zirkus Boswell Wilkies nach Südafrika. Es folgten Engagements in Portugal, Italien, Jugoslawien, Finnland und der Schweiz. Seit 1977 ist er ununterbrochen beim BRD-Zirkus Willy Hagenbeck engagiert. Ivan Karl arbeitet bei seinen Darbietungen ganz seriös als »Starker Mann«, bei dem vor allem die Gegensätze von Kraft und kleiner Statur beeindruckend wirken. Mit den Zähnen hebt er Männer, sein schwerster Partner bisher wog 145 kg. Das Fehlen zweier Zähne gestattet, wie er äußerte, gegenwärtig kein höheres Gewicht als 120 kg. Sein Spitzentrick ist das Biegen einer Stahlstange über der Kehle, daneben zeigt er kraftakrobatische Standardtricks, wie das Einschlagen von Nägeln, das Biegen von Hufeisen und Stahlstangen mit der bloßen Hand.

Der Österreicher Marcus (Franz Ileschitz, geboren 1933 in Kaindorf) entstammt einer alten Artistenfamilie. Die Vorfahren waren Allround-Artisten, so daß er, der die 3. Generation vertritt, eine umfassende artistische Ausbildung erhielt. Er begann als Balljongleur, wurde Untermann in einer Perchenummer und war von 1952 bis 1957 Mitglied der Fangstuhlnummer »Die drei Coleanos aus Wien«. 1957 wurde die Flug-Trapez-Nummer »Acht Croneras« gebildet, in der Marcus als Fänger arbeitete. Die »Acht Croneras« wurden besonders durch ihre Überkreuzflüge bekannt. Schließlich wandte er sich der Kraftakrobatik zu und probierte jahrelang mit Holzkugeln und Baumstämmen. Als sich die Croneras-Truppe 1962 auflöste, stieg er in seine neue Darbietung um, und 1963 hatte er seinen ersten Auftritt als Kraftjongleur im norwegischen Zirkus Arnado. Einige Zeit arbeitete Marcus zusammen mit seiner Frau, der Spanierin Rosita, und mit seinem Bruder zusätzlich noch in einer Fangstuhldarbietung. Später entschied er sich ausschließlich für die Kraftjonglerie. Marcus jongliert mit Stahlkugeln und Zylindern, die er mit dem Genick abfängt. Seine Frau assistiert ihm dabei. Marcus gilt als einer der besten Kraftjongleure der Gegenwart. Seine Darbietung zeichnet sich vor allem dadurch aus, daß er sie außerordentlich ästhetisch vorführt.

In Rotterdam wurde Ben Tertoole geboren. Er arbeitete anfangs als Soloartist. Seit 1963 tritt er mit seinem heutigen Partner Frederico,

El Hector beim Heben eines Pferdes

einem Leiteräquilibristen, auf. Sie zeigten Magie, Gedankenlesen und ein Clownentrée. 1969 hatten sie ein Engagement im irischen Zirkus Dufy, wo ihm die Inhaber, die sieben Brüder Dufy, empfahlen, eine Kraftakrobatiknummer aufzubauen. Mit vierunddreißig Jahren trat Ben erstmals unter dem Namen El Hector auf. Nach seinen eigenen Aussagen veränderte diese Arbeit sein Leben. Vorher rauchte er täglich 40 Zigaretten, nun ist er Nichtraucher und konsequenter Anhänger einer gesunden Lebensweise. El Hector ist zusammen mit seinem Partner sehr vielseitig, sie können beinahe ein ganzes Zirkusprogramm allein bestreiten. Als Kraftakrobat zeigt er beispielsweise das Tragen eines Pferdes über eine Leiter, er hebt Gewichte und jongliert mit 5-, 12- und 50-kg-Kugeln. El Hector ist nur 168 cm groß, und 1978 betrug sein Körpergewicht 80 kg. Neben sei-

John Massis bei einem seiner Zahnkrafttricks

Tony Brutus, Kraftakrobatik im Gladiatorenkostüm

nen Kraftnummern zeigt er zusammen mit Frederico moderne Magie als »Duo Berdinis«, sie arbeiten als Musikalclowns »Klit und Klat«, als Gedankenleser »Mr. Mentala und Partner« und als Tellerjongleure »The Euromasters«. Daneben führen sie dressierte Hunde vor, und Frederico balanciert als »Great Frederico« auf der Hohen Leiter. Gastspiele führten die beiden vielseitigen Artisten nach Dänemark, Irland, England, Frankreich, Spanien, Portugal und Österreich. 1978 und 1979 waren sie im niederländischen Zirkus Renz der Familie Malter engagiert. El Hector hat seine Kraftakrobatik amüsant aufgebaut, so daß sie variabel einsetzbar ist. Mit seinem Partner arbeitet er auch in Klubs, auf Varietébühnen, und sie hatten schon mehrere Fernsehauftritte.

Einer der renommiertesten Kraftakrobaten der Gegenwart ist der Belgier John Massis alias »Eisenzahn«. Er wurde 1941 in Saint Denijs-Westrem in Belgien geboren. Wenn sich John Massis zum Mittagessen ankündigt, so kann man dem Gastgeber nur raten, nicht die besten Eßbestecke auf den Tisch zu legen. Ehe man sich versieht, hat der ansonsten ruhige und angenehme Gast mit den starken »Eisenzähnen« die Bestecke zur Unkenntlichkeit verformt. Bereits mit vierzehn Jahren begann er seine Arbeit als Kraftakrobat und Gladiator im Zirkus und Varieté. Der ehemalige belgische Meister im Gewichtheben verfügt über erstaunliche Fähigkeiten. Auf dem italienischen Flugplatz von Bresso hielt er 1970 mit seinen Zähnen ein startendes Flugzeug Typ »Champion« fest, dessen Motoren bei 2700 Umdrehungen pro Minute 115 PS entwickelten. Während einer Zirkusvorstellung in Mailand hob John Massis nur mit der Kraft seiner Zähne einen Personenkraftwagen Fiat 750 hoch und hielt gleichzeitig dabei mit seinen beiden Händen zwei Motorräder hoch. Zu Reklamezwecken zieht er mit den Zähnen einen 36 Tonnen schweren Straßenbahnwagen 15 m weit. John Massis bereiste bisher viele europäische Länder. In den letzten Jahren arbeitete er vorwiegend in italienischen Zirkussen. Er ist einer der fähigsten Kraftakrobaten und der wohl populärste Zahnkraftspezialist unserer Zeit. 1982 ging eine Meldung durch die Weltpresse, daß er bei Stockholm drei insgesamt 126 Tonnen wiegende Eisenbahnwaggons auf ebener Schienenstrekke mit den Zähnen 2 m weit gezogen hat.

Der heute bekannteste englische Kraftakrobat im komischen Stil ist Tony Brutus. Er begann seine Laufbahn als Jugendlicher in einem Gewichtheberklub in Liverpool. Während er seine Armeezeit als Sergeant für Wehrsport in Ägypten absolvierte, führte er das Krafttraining fort. Nach der Dienstzeit eröffnete er in Liverpool ein Fitness-Zentrum. Obwohl sein Unternehmen recht erfolgreich war, genügte es ihm auf die Dauer nicht. Er gab seiner komödiantischen Veranlagung nach und wechselte zum Showbusiness über, zuerst mit einer Balancenummer, in die er mehrere Krafttricks einbaute. Ein gelungener Auftritt im Thames-Fernsehen erlaubte es Tony, seine Nummer im ganzen Land vorzustellen. Tourneen durch den Nordosten, durch

Schaff Amar
aus der Arabischen Republik Ägypten

Schottland und Südwales waren sehr erfolgreich. Bei einem Zirkus-engagement kreierte Brutus seine Kraftnummern erstmals im Gladiatorenkostüm, in dem er noch heute auftritt. Nach Fernsehauftritten in Show-Sendungen konnte Brutus einen steilen Aufstieg verbuchen. Es folgten Tourneen durch die bedeutendsten Klubs Englands.

Die Darbietungen von Tony Brutus kombinieren die Kraftakrobatik mit der Komik. Er parodiert die oft mit so großem Ernst verkauften Krafttricks, ohne jedoch dabei auf Leistung zu verzichten.

1979 war Tony Brutus in den Personality-Shows bei den Londoner Fernsehgesellschaften zu sehen.

Weitere erfolgreiche Kraftakrobaten der Gegenwart sind Otto Arcon aus Holland, Korak aus der Schweiz (1978 im Zirkus Olympia), Willy Athlety aus Belgien und Schaff Amar aus Ägypten, der 1978 mit sehr guten Darbietungen bei der Circus World Championship in London auftrat.

Natürlich hat auch heute die Parodie auf den Kraftakt von gestern im Varieté und in der Manege ihren Platz, etwa so, wie sie beispielsweise im polnischen Staatszirkus von den Mortalis im Trikot der Jahrhundertwende und mit großem Zwirbelbart dargeboten wird.

Das Duo Feniks aus der ČSSR serviert in seiner »Power Show« alte Tricks wie das Hammerschlagen auf eine auf dem Kopf liegende Stahlplatte auf moderne Weise.

Im November 1986 fand im französischen Mittelmeerort Nizza eine »Weltmeisterschaft im Kraftkampf« statt. Die tüchtigen Manager nutzten diese Attraktion, um in der Nachsaison für eine Belebung des Geschäfts zu sorgen. Es trafen sich einige Dutzend kräftige Männer, die unterschiedliche Vorführungen zeigten. Unter die ersten kamen der Kanadier Dan Markovis, der sich als PKW-Wagenheber betätigte, und der erst sechsundzwanzigjährige Isländer Jan-Pall Sigmarson, der einen 140 kg schweren runden Stein von einem Sockel hob.

Zum VI. Interpretenwettbewerb der Unterhaltungskunst 1982 in Karl-Marx-Stadt überraschte ein junger Artist mit einer Kraftjonglerie, die schließlich sogar mit einer Auszeichnung bedacht werden konnte. Im römischen Gladiatorenkostüm jonglierte Thyrus mit 10 bzw. 25 kg wiegenden Stahlkugeln, als wären es federleichte Bälle.

Der Kraftjongleur Klaus Berlin

Der 1956 in Potsdam geborene Bernd Thürnagel hatte als Requisiteur beim Zirkus begonnen, dann eine Ausbildung an der Staatlichen Fachschule für Artistik aufgenommen und war 1977 als Fänger und Untermann der Schleuder-Schaukel-Darbietung »Meteors« ins Engagement zum Zirkus Aeros gekommen. In dieser Zeit reifte in ihm der Plan, eine eigene Darbietung als Kraftjongleur aufzubauen. 1981 war es dann soweit: Er erhielt die Zulassung als freischaffender Artist. Doch leider mußte er schon nach wenigen Jahren diese Arbeit aus gesundheitlichen Gründen wieder aufgeben.

Heute sind in der DDR vor allem drei junge Kraftjongleure bekannt. Tom Breck (Thomas Loose) erhielt 1984 den Berufsausweis, er kombiniert die Jonglerie von Stahlkugeln mit Stirnbalancen und Breakdance. Olaf Sander kam mit der Darbietung »Flying Briggs« von der Artistenschule zum Staatszirkus, er baute sich dann eine Nummer als Kraftjongleur unter dem Namen Sandos auf. Klaus Berlin, ehemaliger Diplom-Arbeitswissenschaftler und aktiver Sportler (1972 DDR-Jugendmeister im Gewichtheben), kam als Artist zu der Truppennummer Morenos des Staatszirkus der DDR und erarbeitete sich eine kraftathletische Solodarbietung, mit der er 1986 debütierte. Seit 1987 arbeitet er als freischaffender Artist.

Auch diese drei jungen Kraftjongleure reihen sich nun ein in die Zahl der starken Männer, die mit ihren Kunststücken das Publikum verblüffen und begeistern.

Methoden des Krafttrainings

Ziel der Kraftübungen

Die körperliche Vervollkommnung hat einen wesentlichen Anteil an der allseitigen Entwicklung der Persönlichkeit. Die Segnungen der Zivilisation ziehen Bewegungsarmut und Übergewicht nach sich, die zusammen mit dem Genußmittelmißbrauch Herz- und Kreislaufleiden und andere Krankheiten begünstigen und fördern. Der menschliche Organismus sollte deshalb zur Erhaltung der vollen Funktionsfähigkeit ausreichend körperlich beansprucht und die Muskulatur dauernden, möglichst vielseitigen Belastungen ausgesetzt werden. Die aktive körperliche Tätigkeit ist eine der wichtigsten Voraussetzungen für die Erhaltung der Gesundheit und Leistungsfähigkeit. Übungen zur Kräftigung der Muskeln können mit einfachsten Mitteln und geringen Kosten zu allen Jahreszeiten durchgeführt werden. Wer seine innere Trägheit erst einmal überwunden hat, wird schon bald feststellen, daß sich sein Allgemeinbefinden bessert. Im Rahmen des Volkssports bieten sich viele Möglichkeiten für sportliche Betätigung, die man nutzen sollte, denn gemeinsames Üben macht mehr Spaß. In den Wettkampfsportarten müssen dagegen ganz spezielle Fähigkeiten entwickelt, die komplizierten Übungen sorgfältig ausgewählt und die Belastungen entsprechend der Zielstellung dosiert werden.

Die Kraftakrobaten unterziehen sich zunächst ebenfalls erst einem allgemeinen Krafttraining im Sinne der Disziplin »Kraftsport« und arbeiten später ähnlich den Spitzensportlern an speziellen Übungen, die außergewöhnliche Leistungen abverlangen. Der Kraftakrobat muß noch eine zusätzliche Zielstellung beachten, die ihn zum scheinbar mühelosen Vortragen und zur künstlerischen Bühnenwirksamkeit seiner kraftakrobatischen Darbietung führen soll. Spezielle Trainingsmethoden für Kraftakrobaten sind durchweg sportlicher Herkunft. Erst nach erzielter überdurchschnittlicher Kraftfähigkeit kann in zweiter Hinsicht an die Arbeit für kraftakrobatische Tricks gedacht werden. Welche besonderen Kniffe bei der Aneignung von Details eine Rolle spielen, kann hier nicht dargelegt werden. Diese sind dem Geschick jedes einzelnen überlassen.

Heute ist es durchaus möglich, daß sich ein nicht von Natur aus kräftiger Mensch mit Hilfe von wissenschaftlichen Erkenntnissen und modernen Trainingsmethoden bis zu einem sogenannten Kraftmenschen entwickeln kann. Allerdings gehören dazu eine große Portion Willenskraft, eine gesunde Lebensweise und ein hartes Training, möglichst von früher Jugend an. Deshalb bringen es aus der großen Gruppe der Durchschnittsmenschen auch nur relativ wenige bis zum optimalen Leistungsvermögen ihres Organismus. Aber diese wenigen zählen oft zu den Menschen, die bei Olympischen Spielen, bei Weltmeisterschaften, auf Varietébühnen und in den Zirkusmanegen die Spitze darstellen.

Selbstverständlich bringen die von der Veranlagung her Kräftigen einen günstigeren Ausgangspunkt mit. Trainieren sie dann noch von klein auf konsequent, können sie ihre Maximalkraft zu Spitzenleistungen steigern. Nun wird es im Leben nur selten darauf ankommen, die mögliche Maximalkraft aufzuwenden. Die Körperkraft ist wie vieles andere im Leben nur eine Komponente, die erst gepaart mit Technik und Verstand zu wirklich großen Erfolgen führen kann.

Der größte Teil derjenigen, die Krafttraining betreiben, möchte nur einen mehr oder weniger großen Kraftzuwachs erzielen, ohne gleich zum Kraftakrobaten werden zu wollen.

Voraussetzungen

Bevor man mit dem Krafttraining beginnt, sollte man unter anderem die folgenden allgemeinen Hinweise beachten:
- Das Betreiben des Krafttrainings ist nur Personen mit gesundem Herzen zu empfehlen. Dem Körper wird eine Leistung abverlangt, die eine fieberähnliche Temperatursteigerung bis zu nahezu 39 Grad hervorruft. Eine gründliche ärztliche Untersuchung vor der Aufnahme des Trainings ist also angebracht.
- Gut lernt man, was man in der Jugend lernt.
- Man fange mit dem Krafttraining möglichst erst dann an, wenn man zuvor durch Leichtathletik, Turnen, Spiele, Schwimmen und dergleichen schon eine gute körperliche Grundausbildung durchgemacht hat.
- Die optimale Gesamtarbeit während des Trainings wird dann erreicht, wenn die Belastungen aus Training, Beruf und Privatleben genau im Gleichgewicht mit der Regenerierung durch Erholung, Ernährung und Schlaf stehen. Obwohl es sich hier um nicht exakt meßbare Größen handelt, stellt dieser Satz eine wichtige Orientierung für die Praxis dar.

- Vor jeder Übung grundsätzlich erst durch Gymnastik oder Laufen erwärmen.
- Für Anfänger werden geringere Belastungen und lange Serien (10 bis 20 Wiederholungen) empfohlen.
- Anfänger begehen gefährliche Fehler, deshalb zunächst nur mit max. etwa 50 Prozent des Körpergewichtes arbeiten (Hilfestellung!). Zur Erreichung des optimalen Wachstumsreizes auf die Muskeln müssen Untrainierte eine Belastungsspannung von 40 Prozent der Maximalkraft überschreiten.
- Auf die gerade Haltung der Wirbelsäule ist zu achten!
- Das Krafttraining soll ohne Unterbrechung über lange Zeiträume durchgeführt werden. Regelmäßiges Üben; lieber täglich wenig als einmal in der Woche sehr viel!
- Bei der Entwicklung von Maximalkraft wird im Bereich von 85 bis 100 Prozent vom individuellen Maximum belastet.
- Nach einem besonders schweren Krafttraining mit hoher Belastung ist eine Pause von einem Tag notwendig.
- Untrainierte und Jugendliche zeigen am Anfang bei mittlerer Belastung einen steilen Kraftzuwachs. Bei Fortsetzung des Trainings über Jahre ist bis mindestens zum 28. Lebensjahr ein stetiger Fortschritt zu verzeichnen, obwohl die Kurve des Kraftzuwachses abflacht. Das 28. Lebensjahr stellt sozusagen einen kritischen Wert dar. Bei weiterem konsequenten Training kann man über dieses Alter hinaus die Kraftfähigkeit erhalten, es ist aber kaum noch ein Zuwachs erreichbar, es sei denn, man war zuvor völlig untrainiert. Unterbricht man das regelmäßige Training, geht die Ausdauerfähigkeit am schnellsten zurück. Die Charakteristik eines Menschen, der erst nach dem 28. Lebensjahr mit dem Krafttraining beginnt, ist natürlich anders geartet.
- Das von Sandow entwickelte System des Kraftsporttrainings enthält zahlreiche Hinweise, die noch heute Gültigkeit haben, beispielsweise den Grundsatz, daß Anfänger einen nur allmählichen Fortschritt anstreben sollen, daß möglichst zwei Stunden nach einer Mahlzeit und nicht kurz vor dem Schlafengehen geübt werden soll, daß nicht nur Muskel-, sondern auch Willenskraft entwickelt werden müssen, daß möglichst vor einem Spiegel geübt werden sollte und einige Muskelpartien durch Anspannung auch während anderer Tätigkeiten gekräftigt werden können. Wichtig ist das kräftige Durchatmen bei frischer Luft.
- Auch ein entsprechendes Studium der zu empfehlenden Literatur kann viele praktische Erkenntnisse vermitteln.
- Generell wird Anfängern und Jugendlichen die Konsultation eines Turn- und Sportlehrers oder des Trainers einer BSG angeraten.

Der menschliche Bewegungsapparat

Die menschlichen Skelettmuskeln werden über den Blutkreislauf mit Nährstoffen versorgt, und die Steuerung ihrer Reaktionen erfolgt fast ausschließlich vom zentralen Nervensystem (Gehirn und Rückenmark). Erregungen werden vom zentralen Nervensystem über Nervenbahnen bis zur motorischen Endplatte der Muskeln geleitet. So erhalten die Muskeln Befehle, die uns bewußte Bewegungsvorgänge ermöglichen. Liefern die Muskeln durch Zusammenziehen die notwendige Energie (Kontraktionskraft), so wird diese mit Hilfe der Knochen und ihrer Gelenke in eine Bewegung umgesetzt. Die Übertragung der Energie der Muskeln auf die Knochen erfolgt über bindegewebeartige Muskelfortsätze (Sehnen). Solche Sehnen kann man beispielsweise in der Kniekehle, in der Ellenbeuge und am hinteren Teil des Fußgelenks (Achillessehne) fühlen. Auch die Umwelt übt einen Einfluß auf die Muskeln aus, die sich ihren Umweltbedingungen weitestgehend anpassen. Bei wenig Beanspruchung entwickelt sich die Muskulatur erst gar nicht, folglich bleibt sie den Reizen entsprechend profiliert. Die Muskelkraft ist nach Gerhard Carl von den folgenden Faktoren abhängig:

1. Physiologischer Querschnitt des Muskels
2. Wirkungsgrad des Muskels (die Möglichkeit des Muskels, chemische Energie in mechanische Bewegung umzuwandeln)
3. Morphologische Struktur (Ansatz und Ursprung des Muskels, strukturelle Gliederung)
4. Koordinationsfähigkeit des zentralen Nervensystems (Verbesserung des Nutzeffekts der Muskelkraft)

Die Verdickung der Muskelfasern ist das eigentliche Ziel des Krafttrainings. Eine durch Kraftübungen belastete Muskelfaser reagiert nach bestimmter Zeit mit Dickenwachstum. Beim Üben gelingt es selten, bestimmte Muskelgruppen oder gar einzelne Muskeln isoliert zu reizen, da sich an einer Bewegung viele Einzelmuskeln und Muskelgruppen beteiligen.

Mit der Zunahme der Muskelmasse kann sich ein Verhältnis zwischen der Oberfläche und dem Volumen der Muskelzellen einstellen, das sich negativ auf die energetische Versorgung auswirkt. Sehr muskulöse Typen, wie Gewichtheber, Kulturisten, Ringer und Turner, besitzen daher meist keine guten Ausdauereigenschaften. Das Muskelkrafttraining, ausgenommen von Extremwerten der Bodybuildingmänner oder Kulturisten, beeinflußt die Entwicklung anderer wichtiger Körperorgane aber nicht negativ.

Günstig ist die Erhöhung der Funktionstüchtigkeit aller Systeme unseres Körpers durch eine vielseitige sportliche Tätigkeit. Die Ausdauerdisziplinen, wie Langstreckenlauf, Radfahren und Schwimmen, wirken sich besonders günstig auf die allseitige Entwicklung unserer Körperorgane aus. Dieses wünschenswerte vielseitige Training läßt sich durch fehlende zeitliche, räumliche und gerätemäßige Voraussetzungen nicht immer realisieren. Das Krafttraining kann mit einfachsten Einrichtungen und geringem Kosten- und Zeitaufwand ebenfalls zur Entwicklung der wichtigsten Körperorgane beitragen. Wenn körperliche Arbeit und die Belastungen in einer Sportart fehlen, können Kraftübungen die physische Vervollkommnung des menschlichen Körpers und seine Gesunderhaltung bewirken, das Leistungsvermögen von Herz, Blutkreislauf und Atmungsorgan steigern sowie auch andere Systeme, wie das Reaktionsvermögen, die Bewegungssteuerung, sogar das Gehör u. a., verbessern und damit das allgemeine Wohlbefinden steigern.

Es gilt, in erster Linie die für das Muskelrelief entscheidenden folgenden Muskelgruppen zu entwickeln:

Armmuskulatur (Bizeps und Trizeps)

Brustmuskulatur (großer Brustmuskel – er wird besonders durch Bankdrükken und seitliches Anheben der Arme nach oben gekräftigt)

Schultergürtel (Delta-, Kapuzen-, breiter Rücken- und seitlicher Sägemuskel)

Bauchmuskulatur (gerader Bauchmuskel in Verbindung mit der Bauchpresse, zu der die Muskeln im Hüft- und Bauchbereich zählen, eine schmale und feste Hüfte ist das Ziel)

Oberschenkelmuskulatur (vierköpfiger Schenkelmuskel, auch Quadrizeps genannt)

Wadenmuskulatur (Zwillingswaden- und Schollenmuskeln, sie heben den gesamten Körper in den Zehenstand)

Die Frau ist anatomischmuskulär wie der Mann aufgebaut, jedoch weisen ihre Muskeln nicht so große Querschnitte und bauchige Formen auf. Im Krafttraining können und werden die gleichen Übungen im Frauen- und Männerbereich eingesetzt. Unterschiedlich ist nur die Größe der zusätzlichen Last. Das Krafttraining der Frauen bezweckt die Entwicklung eines schlanken Körpers mit wohlgeformten Armen und Beinen, schmalen Hüften, festen Brüsten und runden Schulterpartien.

Sehr viele praktische Übungsbeispiele mit zahlreichen Illustrationen für beiderlei Geschlecht können der Literatur entnommen werden.

Trainingsmethoden

Früher war es nur für einen von Natur aus kräftigen Menschen möglich, sich als Athlet oder Kraftakrobat zu betätigen. Jeder hatte seine eigene Trainingsmethode entwickelt und sich damit bei Kräften erhalten oder zu höheren Leistungen emporgearbeitet. Eugen Sandow schuf etwa um 1890 ein Krafttrainingssystem, das bereits wissenschaftlich durchdacht war, von vielen Menschen methodisch genutzt wurde und größtenteils noch heute in seinen Grundzügen Gültigkeit besitzt. Sandow ging damals schon einen Schritt weiter und nutzte das Krafttraining zur Heilung von kranken Menschen. Er hielt seine Gedanken und Erfahrungen über Kraftübungen in seinem Buch »Kraft und wie man sie erlangt« fest und gründete zahlreiche Schulen für Körperkultur.

Siegmund Breitbart begann im ersten Viertel unseres Jahrhunderts seine sich selbst auferlegten täglichen Pflichtübungen gleich nach der Morgentoilette vor dem Frühstück. Seinen anfangs leichten gymnastischen Übungen ließ er stufenweise immer kompliziertere folgen. Er dachte sich damals schon Übungsapparate aus, die den heutigen Trimmgeräten sehr ähneln. Nach diesen hohen Forderungen an den Körper folgte ein erholsamer Morgenspaziergang. Erst danach wurde ausgiebig gefrühstückt.

Der Wiener Theo Fred Gläser, als Athlet und Sportlehrer bekannt, erhielt für seinen »Universal Muskelstärker für die ganze Familie« 1900 in Paris eine bronzene und 1906 in Wien eine goldene Medaille.

Zur Steigerung der Leistungsfähigkeit des menschlichen Körpers durch Training gehört, daß man ihm Leistung abfordert. Zur näheren Erläuterung der Zusammenhänge läßt sich die folgende Formel aus der Physik verwenden.

$$\text{Leistung} = \frac{\text{Masse} \times \text{Beschleunigung} \times \text{Weg}}{\text{Zeit}}$$

$$\text{Leistung} = \frac{\text{Kraft} \times \text{Weg}}{\text{Zeit}}$$

$$\text{Leistung} = \frac{\text{Arbeit}}{\text{Zeit}}$$

$$\text{Arbeit} = \text{Leistung} \times \text{Zeit}$$

Die Summe der im Training abgeforderten Gesamtarbeit soll zweckmäßig groß sein.

Beim Laufen und Radfahren ruft eine Verlängerung des Weges die Reduzierung der Intensität hervor, weil eine lange Strecke nicht mehr so schnell durchfahren werden kann wie eine kürzere. Das Ergebnis ist eine Ausdauerarbeit.

Für die Entwicklung von Kraft- bzw. Schnellkraftausdauerfähigkeiten ist die Intervallmethode typisch. Maximalkraft oder Schnellkraftfähigkeiten entwickeln sich, wenn die Pausen zwischen den Belastungen eine völlige Wiederherstellung der Energieträger ermöglichen, das trifft zu für den Einsatz der Wiederholungsmethode. Bei Krafttrainingsmethoden wird durch eine Vergrößerung der Masse und einer bestimmten Bewegung ein größerer Kraftaufwand regelrecht erzwungen.

Beim Krafttraining spielt auch jene Beziehung eine Rolle, bei der die Masse unendlich groß gewählt wird, so daß die Beschleunigung und der Weg gleich Null werden. Es kann aber auch die Beschleunigung vergrößert werden.

Juri W. Werschoshanski hat in seinen »Grundlagen des speziellen Krafttrainings« die Entwicklungsmethoden der Muskelkraft in Abhängigkeit der Muskelanspannung und weiterer Kriterien umfassend behandelt. Auszugsweise sollen einige dieser Methoden in stark gekürzter Form vorgestellt werden:

Die absolute Kraft stellt den maximalen Kraftwert eines Menschen dar, meßbar beispielsweise durch das höchste Gewicht einer von ihm gehobenen Last. Zur Entwicklung der absoluten Kraft gibt es drei Hauptmethoden: die Methode der wiederholten Krafteinsätze, die Methode kurzzeitiger Anspannungen und die Methode isometrischer Anspannungen.

Die Methode der wiederholten Krafteinsätze stellt das wiederholte Heben von Lasten dar, deren Gewicht mit dem Anwachsen der Muskeln vergrößert wird.

Die Methode des progressiv ansteigenden Widerstandes ist eine Abart der Methode der wiederholten Krafteinsätze. Anfangs ist zunächst das Gewicht zu bestimmen, das man zehnmal hintereinander heben kann. Dieses ermittelte Gewicht bezeichnet man als 10 WM (Wiederholungsmaximum). Eine Trainingseinheit besteht aus drei Serien mit je 10 langsamen Wiederholungen. In der ersten Serie wird ein Gewicht von $\frac{1}{2}$ mal 10 WM, in der zweiten Serie von $\frac{3}{4}$ mal 10 WM und in der dritten Serie von 10 WM verwendet. Die progressive Erhöhung des Widerstandes nach De Lorme ist für die Ausdauer- und Kraftentwicklung von großer praktischer Bedeutung.

Die Methode der kurzzeitigen maximalen Anspannungen erweist sich als zweckmäßig, wenn die Methode der wiederholten Krafteinsätze keine Kraftentwicklung ergab und bei geringem Trainingsumfang in kurzer Zeit eine rasche Erhöhung der Muskelkraft erreicht werden soll. Außerdem ist diese Methode für die Erhaltung eines Krafttrainingsniveaus zu empfehlen. Die Methode beinhaltet praktisch eine Erhöhung des maximalen Lastgewichtes und des Durchschnittsgewichtes der Lasten zugunsten einer Verkürzung der Serienzahl und der Wiederholungen während der Trainingseinheiten.

Die Methode der isometrischen Anspannungen entwickelt die absolute Kraft mit allmählicher Steigerung des Krafteinsatzes, ohne großen Zuwachs an Muskelmasse. Dabei wird der allgemeine Tonus des Nerven-Muskel-Apparates gesichert. Besonders zu empfehlen ist die Methode für den Krafteinsatz ohne besondere Schnelligkeit. Die Effekterhöhung wird durch ein Maximum der Anspannung erreicht, das mit der zunehmenden Muskelkraft gesteigert werden muß.

Die Schnellkraftentwicklung ist um so effektiver, je größer im Training die Arbeitsverrichtung mit hoher Geschwindigkeit ist. Es ist darauf zu achten, daß die Lasten so schnell wie nur möglich zu beschleunigen sind. Als Hauptmethode zur Entwicklung der Schnellkraft ist die Übung mit einer Last von nur etwa 20 Prozent des Maximums anzusehen. Dabei kann die Bewegungsgeschwindigkeit sowohl mit als auch ohne Last bis zum 1,5fachen des Ausgangswertes anwachsen. In bestimmten Fällen kann ein Trainingsmittel auch die wiederholte Ausführung der Wettkampfsituation sein.

Die Schlagmethode nutzt die beim freien Fall einer Masse entstehende kinematische Energie für die Entwicklung einer Explosivkraft. Dabei muß die Energie der fallenden Masse schlagartig durch die zu trainierenden Muskeln absorbiert werden, um den Bremsweg und damit die Bremszeit so klein wie möglich zu halten. Diese Energieabsorption stimuliert die Muskeln zu einem schnellen Krafteinsatz und schafft in ihnen ein hohes Potential der Anspannung, das die Intensität und Schnelligkeit der nachfolgenden Bewegungen sowie den schnellen Übergang der Muskeln von der nachgebenden Bewegung zur überwindenden Arbeit erhöht. Man sollte bei der Dimensionierung immer eine größere Höhe einer größeren Last vorziehen. Dem Schlagtraining muß ein Aufwärmen vorausgehen. Die Dosierung der Schlagübung wird entsprechend der Last und des Trainingszustandes vorgenommen, wobei eine Schlagübung 5 bis 8 Bewegungen je Serie nicht übersteigen darf. Der Amortisationsweg muß eine schlagartige Anspannung der Muskeln gestatten.

Die Kraftausdauer wird hauptsächlich durch ein wiederholtes Training mit einer Last von 25 bis 50 Prozent der Maximalkraft entwickelt. Das Training ist dann effektiv, wenn mit gleichem Gewicht und in gleichbleibendem Tempo (etwa 60- bis 120mal/min) bis zur vollständigen Erschöpfung trainiert wird. Auch bei kürzerer Belastungszeit (etwa 60 Prozent der Zeit der anfänglichen Leistungsfähigkeit) können gute Ergebnisse erreicht werden. Die Kraftausdauer ist spezifisch. Die Entwicklung der Kraftausdauer hat im Vergleich zur Entwicklung der allgemeinen Ausdauer ihre Besonderheiten. Die grundlegenden Trainingsmethoden werden hauptsächlich bestimmt durch:

das Ausgangsniveau der Kraftausdauer, die Dauer der Trainingsperioden, die Intervalle zwischen den Trainingseinheiten, das Bewegungstempo, die Dauer des Trainings und die Belastungsgröße.

Allgemein wird der Effekt der im Krafttraining angewandten Mittel mit der steigenden Kraftentwicklung geringer. Eine Intensitätserhöhung ist nicht immer möglich, weil die Trainingszeit oft nicht mehr zu verkraften ist und die Reizstärke auf die Muskeln eine höchstzulässige Grenze nicht überschreiten darf. Beachtet der Trainierende diese Tatsache nicht, können seine Psyche und sein Organismus gefährdet werden. Die optimale Verbindung von Mitteln und Methoden ist in wechselseitiger Beziehung zu sehen mit einer rationellen Reihenfolge in den einzelnen Trainingseinheiten und im Wochen- bis zum Jahreszyklus.

Konkrete Anleitungen für Übungen gibt die Literatur (Carl: Kraftübungen ...). Wurf- und Stoßübungen erläutert die angegebene Literatur (Eidgen. Sportschule).

Geräte für das Muskelkrafttraining

Die im folgenden erwähnten wichtigsten Geräte können nur teilweise über Sportartikelgeschäfte bezogen werden. Deshalb werden für die wichtigsten Geräte Maße genannt, die den Eigenbau ermöglichen.

Die Bank ist für das Muskeltraining vielseitig verwendbar und kann selbst hergestellt werden. Zweckmäßig ist es, die Oberseite zu polstern. Die Bankbreite muß eine gute Beweglichkeit der Schultergelenke gestatten. Der Körper soll vom Kopf bis zu den Kniegelenken aufliegen, die Schultergelenke sollten seitlich überstehen. Die Bankhöhe richtet sich etwa nach der Kniehöhe. Die Bankbeine müssen besonders stabil ausgeführt und zweckmäßig längs und quer mit Stahlwinkeln gesichert werden. Als Richtmaße gelten für die Bank:

Länge = 130 bis 150 cm
Breite = 30 bis 35 cm
Höhe = 40 bis 50 cm

Die Sandsäcke, abgestuft in 5, 10, 15 und 20 kg Säcke, lassen sich ebenfalls selbst herstellen. Zu beachten ist dabei, daß ein festes Gewebe verwendet wird und der Sand vor dem Wiegen zu trocknen ist.

Die Scheibenhanteln werden in den Größen 40, 75 und 200 kg gehandelt.

Die Rund- und Stemmgewichte finden für fast alle Kräftigungsübungen des Körpers Verwendung, sie sind üblich in 5, 7,5, 10, 12,5, 15 und 32 kg. Diese Geräte sind aus Gußeisen und besitzen einen Griff. Wenn keine Hantelschuhe vorhanden sind, können diese Gewichte auch an den Füßen befestigt werden.

Schrägwände können durch ein dickes Holzbrett oder eine Bank in den Maßen 200 × 50 cm hergestellt werden, sie sind für das Krafttraining sehr gut geeignet. Allerdings ist für einen sicheren Stand zu sorgen, und es sind zwei Riemen zur Halterung der Füße oder Hände vorzusehen.

Kraftsportwettkämpfe

Die Kraftsportler der DDR sind im Gewichtheberverband der DDR organisiert. Es werden Wettkämpfe durchgeführt, die nicht einseitig nur auf Muskelkraftentwicklung und Körperformung ausgerichtet sind, sondern die auch Schnellkraft- und Ausdauerkraftübungen enthalten. Die Kraftsportler starten in drei Altersklassen (Jugend = 16 bis 18 Jahre, Junioren = 18 bis 20 Jahre und Senioren = über 20 Jahre). Eine Stunde vor Beginn des Kampfes werden vom Sportler Körpergröße und Körpergewicht festgestellt. Es gibt Körpergrößenklassen bis 1,68 m und über 1,68 m. Die Senioren tragen ihre Kämpfe außerdem noch in vier Gewichtskategorien aus (75 kg, 75–82,5 kg, 82,5–90 kg und größer als 90 kg). Da neben der an erster Stelle stehenden Muskelkraft auch die Ausbildung eines harmonischen Körpers durch die Entwicklung aller Bewegungseigenschaften angestrebt wird, empfehlen die Kraftsportler der VR Polen, der ČSSR und der DDR die folgenden Übungen:

1. Übungskomplex

1.1. Bankdrücken (Rückenlage auf der Bank, Füße neben der Bank auf Boden, Hantel von Brustauflage zur völligen Armstreckung nach oben)

1.2. Kniebeugen (Hantel liegt auf Schulter, bei Kniebeuge muß Oberschenkel unter Kniehöhe liegen. Rückkehr zur Ausgangsstellung – Beine und Rumpf völlig gestreckt)

1.3. Armbeugen beidarmig zur Brust (aus Tiefhalte der gestreckten Arme werden vor dem Körper Arme so gebeugt, bis die Hantelstange die Brust berührt)

1.4. Umsetzen der Hantel zur Brust im Stand mit Ausfall oder Hocke (Kämpfer muß am Ende der Übung mit Hantel auf Brust in Grundstellung stehen)

1.5. Klassisches Drücken (wenn der Kämpfer die Hantel zur Brust umgesetzt hat und ruhig steht, wird nach dem Zeichen des Kampfrichters die Hantel zur Hochstrecke gebracht; Arme völlig gestreckt, Hantel über Kopf fixiert; Beine dürfen nicht gebeugt werden)

1.6. Klimmzüge (ohne Schwung aus Streckhang am Reck, Kinn bis zur Stange)

1.7. Weitsprung oder Schlußweitsprung (aus dem Stand, Weite von Absprungstelle bis zur hinteren Kante der Fußabdrücke)

1.8. Hochsprung (aus dem Stand an vertikaler Meßleiste, Fingerspitzen mit Kreide bestreichen, vom höchsten Abdruck bis zur vorher markierten Reichhöhe der hochgehaltenen Arme ergibt Sprunghöhe)

1.9. 60-m-Lauf (nach den üblichen Wettkampfbestimmungen des DVfL)

2. Übungskomplex

2.1. Bewertung des athletischen Gesamteindruckes (Einzelvorstellung der Kämpfer, 4/4-Drehung ausführen, Muskelanspannungen ergeben Punktabzug, Hauptmuskelgruppen)

2.2. Posenbewertung (Schönheit, Exaktheit und Übergänge der Arm-, Brust-, Rücken-, Bauch-, Oberschenkel- und Wadenposen in bestimmter Zeit)

Literatur- und Quellenverzeichnis

Adam, Karl, und Werschoshanski, Juri: Modernes Krafttraining im Sport, Trainerbibliothek Band 4, Verlag Bartels und Wernitz KG, Berlin/München/Frankfurt (a. M.) 1972

Aeros, Cliff: Vom Tischlerlehrling zum Zirkusdirektor; Heft 1 Meine Kindheit, Heft 6 El Bolido Humano, Eigenverlag, Berlin 1950

Albertus: Zum 60. Geburtstag Spadonis am 3. 10. 30. Varieté-Illustrierte 1930

Anlagen und Geräte, Anleitung für die Anschaffung von Fitnessgeräten, Frankfurt a. M./Bern 1971

Die Artisten, ihre Arbeit und ihre Kunst, Henschelverlag, Berlin 1970

Unterhaltungskunst A–Z, Henschelverlag, Berlin 1975

Böhm, Norbert: Sprung in die Manege, Verlag Hansen Preetz, Berlin 1964

Breitbart, Siegmund: Meine Lebensgeschichte, Warschau 1925, Arbeitsübersetzung aus dem Polnischen von Oljean Ingster

Carl, Gerhard: Gewichtheben, Sportverlag, Berlin 1976

Carl, Gerhard: Kraftübungen mit Geräten, Sportverlag, Berlin 1975

Dembeck, Hermann: Manege frei, Buchmeisterverlag, 1937

Dembeck, Hermann: Menschen, Tiere, Sensationen, W. Köhler Verlag, Minden 1939

Deutsche Circuszeitung, Berlin (West), vom 15. 8. 71, 15. 10. 71, 15. 11. 72 und 15. 12. 72

Deutsche Circuszeitung, Bremen, Januar 1971 bis September 1973

Dockhorn, Willy: Von Ostharzer Berühmtheiten, Am Heimatborn, Beilage zum »Quedlinburger Kreisblatt« vom 8. 11. 1927, Nr. 147

Drabkin, Alexander Semjonowitsch, und Schaposchnikow, Juri Wladimirowitsch: Das Geheimnis des eisernen Simson, Sowjet-Rußland-Verlag, Moskau 1968

Dworschak, Franz Xaver: Meister der Manege, Zeitgeschichte-Verlag, Berlin 1943

Eberstaller, Gerhard, und Brandstätter, Christian: Circus, Deutsche Buchgemein-
schaft, Wien/München/Zürich 1977

Eidgenöss. Sportschule: Kondition, Magglingen 1965

Fedler, Werner: Erinnerungen an das Saxon-Trio, Fachzeitschrift Schwerathletik-
Hefte, 11/63, 12/63 und 1–3/64

Fedler, Werner: Muskelkraft und Körperformung, Sportverlag, Berlin 1968

Gobbers, Emil: Artisten, Droste-Verlag, Düsseldorf 1949

Goewey, Edwin A.: How »Feats of Strength« are Faked, in: Muscle Builder, Sept.
1925, Los Angeles

Grant, Michael: Die Gladiatoren, Verlag Klett, Stuttgart 1970

Grimek, John: The forgotten Art, in: Strength and Health, York, Pa. 1949

Halperson, Joseph: Das Buch vom Zirkus, Verlag Ed. Lintz A.-G., Düsseldorf 1926

Hampe, Theodor: Die fahrenden Leute in der deutschen Vergangenheit, Band 10, Eugen Diederichs Verlag, Jena 1924

Haupt, Josef: Die Stärksten, Magazin sportlicher Kuriosa, Verlag Schrömer und Frei-
tag, München 1928

Herdeg, Walter: The Artist in the service of science (Der Künstler im Dienst der Wis-
senschaft), Herdeg, Zürich 1973

Hoffmann, Horst: Rekorde! Rekorde?, Wochenpost, Nr. 1/1978

Illustrierte Athletik – Sportzeitung, Nr. 16, München, vom 16. 4. 1904

Im Alltag begegnet, in: Sächsische Zeitung, Dresden, vom 7. 12. 1973

Irmscher, Johannes: Lexikon der Antike, VEB Bibliographisches Institut, Leipzig 1977

Jahrbuch 40 Jahre deutscher Kraftsport, Verlag Athletik, Stuttgart 1931

Jänecke, Kurt: Carl Abs, Internationale Illustr. Athletenzeitung Nr. 121, München,
vom 28. 4. 1895

Jiriczek, Otto Luitpold: Die deutsche Heldensage, Berlin/Göschen/Leipzig 1919

Knorr und Hirt: Kraftsport, Illustr. Wochenzeitschrift für Schwerathletik, Verlag
Knorr, München 1937

Kober, August Heinrich: Der große Zirkusdirektor, Maindruck, Frankfurt a. M. 1949

Kober, August Heinrich: Die große Nummer, Ullsteinverlag, Berlin 1925

Kober, August Heinrich: Die vom Zirkus, H.-J. Fischer Verlag, Berlin 1970

Kober, August Heinrich: Ich wanderte mit dem Zirkus, Verlag der Frankfurter Bücher,
Frankfurt a. M. 1958

Kuczer, B.: Historja mego zycia podlug wlasnych autentycznych opowiadan Z. Breit-barda, Selbstverlag Warschau 1925, Übersetzung von Oljean Ingster

Kusnezow, Jewgeni: Der Zirkus der Welt, Henschelverlag, Berlin 1970

Lehmann, Alfred: Zwischen Schaubuden und Karussells, Verlag Schöps, Frankfurt a. M. 1952

Leif, E.: Festschrift 50 Jahre Wintergarten 1888–1938, Wintergarten GmbH, Berlin 1938

Löwe, G., und Stoll, H. A.: Die Antike in Stichworten, Verlag Koehler und Amelang, Leipzig 1969

Markschiess van Trix und Nowak, Bernhard: Artisten- und Zirkusplakate, Verlag Edition, Leipzig 1975

Michalin, A.-W.: Geschichte des Altertums, Moskau 1950

Mischa: Malmström seit 1725, Norddeutsche Neueste Nachrichten, Rostock, vom 26. 3. 66

Monatszeitschrift für Körper- u. Geistesveredlung: Siegfried, Nr. 1, Halle, Juli 1902

Moroz, R. P.: Kraftübungen für jedermann, Sportverlag, Berlin 1959

Petres, Fritz: Freimarkt in Bremen, Geschichte des Jahrmarktes in Bremen, Verlag Schünemann, Bremen 1962

Petrow, A.: Ringkämpfer und Athlet. Über Jakuba Tschechowskoi, Ausschnitt aus sowjetischer Tageszeitung, Taschkent 1976

Peuchmaurd, Jacques: Eintritt frei – Zirkus, Edition Recontre, Lausanne 1963

Pönicke, Herbert: August der Starke. Persönlichkeit und Geschichte, Frankfurt a. M./Zürich 1972

Prahm, Allty, der Mann mit dem Löwengebiß, Plakat, Juni 1949

Richter, Hans: Artist of modern world, McGraw-Hill Book Co., New York/Toronto 1965

Riedel, Bruno F.: Manege 67, Verlag Hansen, Preetz 1967

Rumjanzew, N.: Wenn die Mittel zum Zweck, in »Sowjetskaja estrada i zirk«, Moskau 1968

Rund um den Kickelhahn, in: Freies Wort, Ilmenau, vom 20. 5. 1961

Saltarino, Signor: Artisten-Lexikon, Verlag Ed. Lintz, Düsseldorf 1895

Saltarino, Signor: Das Artistentum und seine Geschichte, Verlag W. Backhaus, Leipzig 1910

Saltarino, Signor: Fahrend Volk, Verlagsbuchhandlung von J. J. Weber, Leipzig 1895

Sandow, Eugen: Kraft und wie man sie erlangt, G. Möckel Verlag, Berlin-Steglitz 1925

Scheugel, Hans: Show Freaks und Monster, Sammlung Felix Adanos, Verlag DuMont Schauberg, Köln 1974

Schnejer, Alexander: Enzyklopedia Zirk, Verlag Sowjetskaja Enzyklopedia, Moskau 1979

Schütte, Wolfgang U.: Der Kraftjongleur (ü. Will Franks), in: Zeit im Bild, vom 4. 9. 1969

Sterke man Otto Arcon neemt het op tegen stommwals Pluisje, De Waaheet, vom 24. 7. 1972

Trencsennyi-Waldapfel, Imre: Die Töchter der Erinnerung, Götter- u. Heldensagen der Griechen und Römer mit einem Ausblick auf die vergleichende Mythologie, Rütten und Loening, Berlin 1974

Weichselgartner, Alois J.: Wer ko, der ko. Kraftmenschen aus Altbayern und Schwaben. Süddeutscher Verlag, München 1971

Weise, Roland: Milo Barus, der Mann, der Pferde trug, Streitberger-Verlag, Pößneck 1966

Winkler, Gisela und Dietmar: Allez hopp durch die Welt, Henschelverlag, Berlin 1977

Wochenschrift für Athletische Sportarten: Illustr. Kraftsport, Berlin, 25. September 1925 und 18. Juli 1926

Wolfgang, P.: Glanz und Elend der Muskelmänner, Freies Leben, Frankfurt a. M. 1970

Wolfram, E.: Germanische Heldensagen als Entwicklungsgeschichte, A.-G.-Verlag, Stuttgart 1922

Prova di Sorza di un Artisto del Circo, Blocco un aereo con i denti, 1970

VEB Zentralzirkus Berlin: Zirkustrümpfe – Programmheft, Eigenverlag, Berlin 1966

Personenregister

Fotonachweis

Ulrich Ritter (1, Einbandfoto), Roland Weise (1), Archiv D. Winkler (33), Archiv
L. Groth (22), Märkisches Museum Berlin, documenta artistica (12), Archiv Markschieß van Trix (8), Archiv E. Günther (3), Archiv R. Weise (3), Staatliche Kunst-
sammlungen Dresden (1)
Vignetten Märkisches Museum

2., ergänzte Auflage
Lizenz-Nr. 414.235/96/87
LSV-Nr. 8421
Lektor: Gisela Winkler
Gestaltung: Horst Albrecht
Printed in the German Democratic Republic
Gesamtherstellung: (140) Druckerei Neues Deutschland, Berlin
625 830 6
00480